법과 사회를 배우는 어린이 로스쿨

글 | 유재원
그림 | 지우

1판 1쇄 발행 | 2016년 9월 20일
1판 5쇄 발행 | 2023년 5월 1일

펴낸이 | 김영곤
키즈사업본부장 | 김수경
에듀1팀 | 김지혜 김현정 김지수
아동마케팅영업본부장 | 변유경
아동마케팅1팀 | 김영남 황혜선 이규림 정성은 **아동마케팅2팀** | 임동렬 이해림 안정현 최윤아
아동영업팀 | 한충희 오은희 강경남 김규희 황성진
디자인 | 이하나 김수미 **제작팀** | 이영민 권경민

펴낸곳 | ㈜북이십일 아울북 **출판등록** | 2000년 5월 6일 제406-2003-061호
주소 | (10881) 경기도 파주시 회동길 201(문발동)
대표전화 | 031-955-2100 **팩스** | 031-955-2151 **이메일** | book21@book21.co.kr

ISBN 978-89-509-6642-3 74360

이 책 내용의 일부 또는 전부를 재사용하려면 반드시 ㈜북이십일의 동의를 얻어야 합니다.
잘못 만들어진 책은 구입하신 서점에서 교환해 드립니다.

- 제조자명 : ㈜북이십일
- 주소 및 전화번호 : 경기도 파주시 문발동 회동길 201(문발동) / 031-955-2100
- 제조연월 : 2023. 5. 1.
- 제조국명 : 대한민국
- 사용연령 : 3세 이상 어린이 제품

법초인이 되기 위한 첫걸음

법과 사회를 배우는
어린이 로스쿨

글 유재원 그림 지우

내가 매일 계약을 하고 있다고요?

정정당당하게 법대로 하자!

변호사는 법을 다 외우나요?

아울북

머리말

우리 법대로 해 봅시다!

독자 여러분 안녕하세요. 지난 일곱 권의 〈어린이 로스쿨〉 시리즈를 통해 우리 고전·세계 명작·한국사·세계사·일상생활·시사·헌법 등 우리가 접하는 주변의 모든 것들을 법률 사건으로 다룰 수 있다는 것을 알았어요. 특히 '법'이 얼마나 많은 문제들을 공정하게 해결하고 있는지 살펴볼 수 있었지요.

어른들이 흔히 하는 말 중에 "법대로 하자!"라는 말이 있어요. 이 말은 단지 화가 나서 하는 말일 수도 있지만, 어떻게 보면 우리 사회가 인정하는 '정의'라는 기준을 가지고 사람들 사이에서 발생하는 문제를 해결해 보자는 의미이기도 해요. 이 세상의 모든 일을 이해와 사랑으로 해결할 수 없다면 '최소한의 도덕'이자 '정의의 파수꾼'인 법대로 해 보는 것도 좋을 거예요.

법대로 하려면 우선 법이 무엇인지 알아야겠지요. 하지만 법, 법률, 법조인, 재판 등 법과 관련된 말들은 그저 듣기만 해도 무척 어려울 것 같은 생각이 들어요. 그래도 법을 통해 문제를 해결하려면 법에 대해 흥미를 가지고 도전해야만 한답니다.

그런데 여러분은 이제껏 자신도 모르는 사이에, 〈어린이 로스쿨〉 시리즈를 통해 자신이 하버드 대학교 로스쿨에서 사용하는 법조인 교육 법인 '랭들 매소드(Langdell-method)'에 따라 사례 중심의 생생한 법 공부를 했다는 사실을 알고 있나요? 여러분은 춘향전, 간디 이야기, 안중근 재판, 불량 급식 사건, 님비 현상, 미세 먼지 사건 등의 사건·사고를 해결하며 법을 다루는 능력도 길러 보았지요.

이제 법과 재판에 대해 호기심이 생겼나요? 하버드 대학의 사례 해결법에 따라 법률 문제를 해결해 온 여러분들은 이제 법과 재판, 법조인 등에 대해서도 자세히 알 필요가 있어요.

그래서 이번에는 법에 대한 풍부한 이야기를 들려주려고 해요. '법이 무엇인지'에서부터 시작해 '우리 가까이에 있는 법'과 '재판 이야기', '변호사가 되려면 어떻게 해야 하는지'까지 읽고 나면 여러분은 이제 법에 대해 어느 정도 잘 알게 될 것이고, 법률 문제를 해결할 능력도 가지게 될 거예요.

법을 알면 알수록 세상을 더욱 다양하고 깊게 이해해 사회를 위해 정의로운 일을 많이 할 수 있어요. 판사, 검사, 변호사만이 법을 알아야 하는 것은 아니에요. 대한민국의 모든 사람이 지혜롭고 풍요롭게 살기 위해 법을 잘 알고 있어야 하지요. 물론 법을 좀 더 세밀히 알아 법조인으로 성공해 자신의 꿈을 전 세계에 펼친다면 더욱 좋을 거예요. 오바마, 클린턴, 노무현 같은 변호사 출신의 대통령들처럼 말이에요. 이뿐 아니라 법 공부를 하면 외교관, 행정관료, 정치인 등으로 다양한 분야에서 크게 활약할 수도 있겠지요?

자, 여러분! 이제부터는 우리 함께 '법대로' 해 볼까요? 법을 아는 것에서 그치지 말고 법 공부를 통해 꿈을 이루며 세상을 정의롭게 만드는 거예요! 여러분이 자유롭고 정의로운 대한민국에서 소중한 꿈을 이루길 응원할게요.

대한민국 변호사 유재원

차례

머리말 ······ 4

법이 뭐예요?

법은 무엇이고 왜 지켜야만 하나요? ······ 12
법은 언제 만들어졌나요? ······ 18
법은 사회에서 어떤 역할을 하나요? ······ 25
법 없이 살 수 있는 사람도 있나요? ······ 30
법에는 어떤 것들이 있나요? ······ 34
법은 누가 어떻게 만드나요? ······ 38
법과 관련된 곳은 어디인가요? ······ 43
민주주의와 법은 어떤 관계인가요? ······ 49

 다른 나라의 법이 궁금해요! ······ 54

우리 가까이에 법이 있다고요?

가족 사이에도 법이 있다고요? …… 58

내가 매일 계약을 하고 있다고요? …… 66

친구와 싸우는 것도 법에 걸리나요? …… 72

나쁜 소문을 퍼뜨리고 다니는 것도 죄인가요? …… 75

초등학생도 잘못을 하면 감옥에 가나요? …… 80

선생님이 학생을 때려도 되나요? …… 84

포장을 뜯은 홈쇼핑 물건도 반품할 수 있나요? …… 88

 어린이와 관련된 법을 알려 주세요! …… 92

재판 이야기가 듣고 싶어요!

재판은 어떻게 하는 거예요? ······ **96**

재판을 하는 곳은 어떻게 생겼나요? ······ **102**

변호사와 검사는 무엇이 다른가요? ······ **108**

판사는 무슨 일을 하나요? ······ **111**

우리나라에는 배심원 재판이 없나요? ······ **114**

증인석에서 거짓말을 하면 어떻게 되나요? ······ **119**

재판을 할 때는 반드시 변호사가 필요한가요? ······ **123**

변호사는 나쁜 사람을 변호하기도 하나요? ······ **126**

재판은 한 번에 끝나나요? ······ **129**

생생 법이야기 유명한 재판이 알고 싶어요! ······ **132**

저도 변호사가 될래요!

변호사는 하루를 어떻게 보내나요? …… 138

변호사가 되려면 법대에 가야 하나요? …… 140

로스쿨이 뭐예요? …… 143

변호사는 법을 다 외우나요? …… 146

국제 변호사라는 직업도 있나요? …… 148

변호사는 어디에서 일하나요? …… 151

변호사는 돈을 많이 버나요? …… 156

저도 변호사가 될 수 있을까요? …… 159

 유명한 변호사들이 궁금해요! …… 162

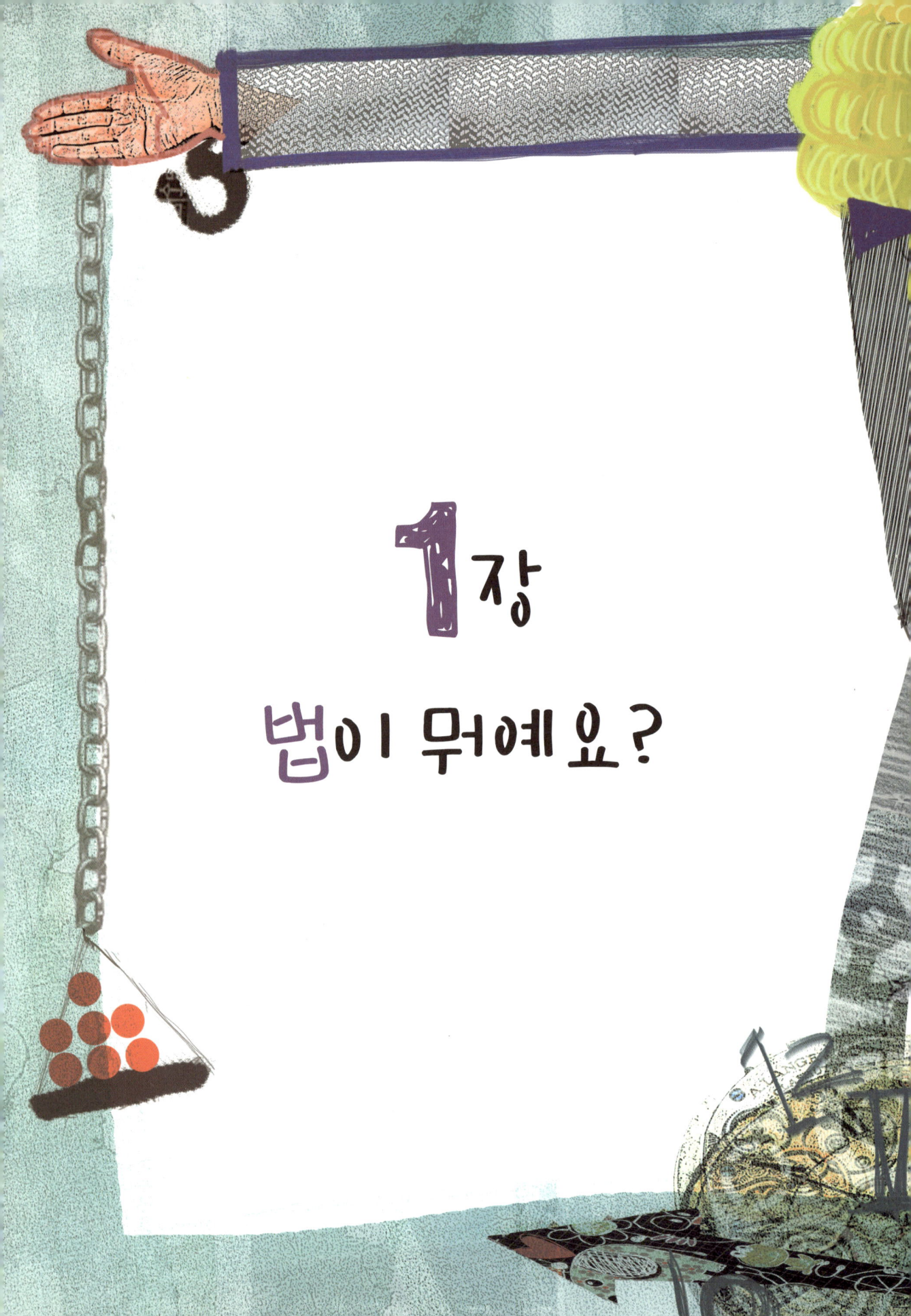

1장
법이 뭐예요?

너희들은 '법'이라는 말을 들으면 무엇이 떠오르니?
법률, 재판, 법정, 판사, 검사, 변호사, 죄인, 감옥, 벌금, 국회 등 수많은 것들이 떠오른다고?
우리는 법 없이 살 수 없어. 넓게 보면 학교에서 지켜야 하는 교칙도 일종의 법이란다. 그뿐만 아니라 너희들이 학교에 가야 하는 것도, 또 너희들을 무상으로 교육하고 불량 식품이나 범죄로부터 보호하는 것도 다 법에 따른 것이지.
'아는 것이 힘이다.'라는 말 알지? 법이야말로 이 말이 정확히 들어맞는 것이 아닐까? 많은 사람들이 법 때문에 울기도, 웃기도 하잖아.
법이 대체 무엇인지 궁금해지지 않니? 이제부터 법에 대해 차근차근 알아보자.

법은 무엇이고 왜 지켜야만 하나요?

'법' 하면 떠오르는 판사, 검사, 변호사, 법원, 국회, 경찰, 감옥, 죄인, 벌금, 재판 등은 당연히 법과 관계가 깊어. 하지만 눈에 보이지 않는 곳에도 법은 존재하고 있단다.

법을 생각해 보면 참 딱딱하고 무섭기도 해. 재판이나 감옥, 벌금 등은 꼭 나쁜 일과 관련되어 있는 것 같고 말이야. 하지만 법의 진짜 모습을 알게 되면 법이 마냥 무섭고 두려운 것이 아니라는 점을 깨닫게 될 거야.

'법'이라는 말은 우리나라뿐만 아니라 중국과 일본에서도 '法'이라는 한자를 써. 이 한자는 '물'이라는 뜻의 '물 수(水)' 자와 '간다.'라는 뜻의 '갈 거(去)' 자가 합쳐진 글자로, 그 뜻을 풀어 보면 '물이 흘러간다.' 혹은 '물처럼 흘러간다.'라고 말할 수 있어.

물처럼 자연스럽게 변화하고 흐르는 것이 곧 법인 거야. 물은 위에서 아래로 흐르며 동그란 그릇에는 동그랗게, 네모난 그릇에는 네모나게 담기잖아? 그러니까 법은 물처럼 이 세상 사람들이 편안히 살 수 있도록 자연스럽게 움직이는 것이란다.

법은 어려운 말로 '나라에서 정한, 강제력을 가진 사회 규범'이야. 국민의 대표인 국회위원들이 국회에 모여 만들지. 법은 사람들이 지켜야 한다는 점에서 도덕이나 윤리와 비슷하지만 지키지 않으면 벌을 받거나 벌금을 내는 등 강제력이 행사된다는 점에서는 차이가 있어. 그렇다면 법은 왜 '강제로' 지키게 하는 걸까?

법은 나와 모든 사람 사이의 공적인 약속이야. 따라서 내가 그 약속을 어기면 누군가가 나 때문에 피해를 입을지도 몰라. 그래서 나라에서는 그 약속이 잘 지켜지도록 울타리를 만들어 놓고, 그 울타리를 넘는 사람이 있으면 벌을 주는 거야.

생각해 보렴! 도로에서 운전하는 사람들이 교통 신호를 지키지 않는다면 어떻게 되겠니? 서로 먼저 가려고 시끄럽게 경적을 울려 대고, 여기저기에서 교통사고가 끊이지 않을 거야. 생각만 해도 끔찍하지? 그래서 법이 필요한 거야.

법은 종종 '정의'라는 말과 함께 언급되곤 해. 정의를 지키는 것이 바로 법의 중요한 역할이거든. 정의롭다는 것은 부자든 가난하든 혹은 힘이 세든 약하든 모든 사람을 차별하지 않는 것과 같아. 돈이 많다고 해서 돈 없는 사람을 괴롭히거나 힘이 세다고 해서 약한 사람을 때리면 안 되잖아. 오히려 그들에게 특별한 지원을 해 줘야지. 그래서 법은 사람들이 모두 자유롭고 평등하게 살 수 있도록 정의를 지키는 역할을 한단다.

자, 법이 무엇이고 왜 지켜야 하는지 이제 알겠니? 뭐? 벌써 머리가 아프다고? 경태네 반에서 일어난 이야기를 통해 좀 더 쉽게 설명해 줄게.

경태네 반은 학교 운동회에서 1등을 했어. 상품으로 운동화를 받았지. 그런데 문제가 생겼어. 경태네 반은 모두 30명인데 운동화는 열 켤레뿐이었거든. 맨 뒤에 앉아 있던 경태가 말했어.

 내가 힘이 세서 우리 반이 우승한 거야. 그러니 내 마음대로 운동화를 나누어 줄 거야!

아이들은 불만스러웠지만 덩치가 큰 경태가 무서워 아무 말도 하지 못했어. 그때 반장이 일어나 말했어.

 우리 반이 우승한 데는 남자 달리기 선수들과 열심히 응원해 준 여학생들의 공이 가장 컸어. 그러니 운동화는 그 애들에게 주어야 한다고 생각해.

그러자 이 모습을 지켜보던 선생님이 말씀하셨어.

 여러분! 우리 반의 급훈이 뭐죠? 바로 '서로 공평하게 나누자.'예요. 이 급훈은 우리 반이 보다 나은 학교 생활을 할 수 있게 해 주는 '법'이나 마찬가지예요. 이번에 상으로 받은 운동화는 모두가 나누어 가지기에는 개수가 부족해요. 만약에 경태의 말대로 운동화를 나눈다면 다른 친구들은 불공평하다고 생각할 거예요. 그러니 이번에는 우리가 만든 급훈에 따라 공평한 결과가 나오도록 투표를 하면 어떨까요?

나라에 법이 있듯이 교실에는 급훈이 있어. 선생님은 반 아이들이 함께 의논해 정한 급훈으로 문제를 현명하게 해결할 수 있었어. 만약에 급훈이 없었다면 반장과 경태는 심하게 다퉜을지도 몰라.

이처럼 법은 너희들이 생각하는 것처럼 그렇게 딱딱하고 골치 아픈 것만은 아니야. 법은 세상을 정의롭게 만들고 평화와 질서를 가져다준단다. 이제 법이 무엇인지, 왜 지켜야 하는지 알겠지?

법은 언제 만들어졌나요?

아주 먼 옛날에 살았던 원시인에게도 법이 있었을까? 믿기 힘들겠지만 원시인에게도 법이 있었단다. '남을 다치게 하지 말 것', '다른 사람이 사냥한 짐승은 가져가지 말 것'처럼 말이야. 어때, 신기하지?

어느 날, 두 여자가 솔로몬 왕을 찾아왔어. 그들은 한 아기를 놓고 서로 자신의 아이라고 주장했지. 두 여자가 한 치의 양보도 없자 솔로몬 왕은 신하에게 칼을 가져오라고 시켰어. 그러고는 살아 있는 아기를 둘로 나누어 두 여자에게 반쪽씩 나누어 주라고 했지. 그랬더니 한 여자는 눈물을 흘리며 아기를 죽이지 말라고 애원했고, 다른 한 여자는 죽여서라도 반쪽을 달라고 말했어. 누가 아기의 진짜 엄마일까?

두 여자의 반응에 솔로몬 왕은 고심 끝에 아기를 죽여서라도 나누어 갖자는 여자는 가짜 엄마고, 아기를 살려 달라고 애원한 여자가 진짜 엄마라는 판결을 내렸어.

 이 이야기는 성경에 나오는 솔로몬 왕의 유명한 판결이야. 어때? 정말 지혜로운 판결이지? 이 판결은 실제로 있었는지 확인하기 어려운 오래전의 전설이지만, 실제로 이스라엘과 유대 왕국을 통일하고 다스렸던 솔로몬 왕은 지혜로운 판결로 사회의 질서를 바로잡고 사람들 사이의 다툼을 해결해 주었다고 해.

니콜라 푸생이 그린 《솔로몬의 재판》

그렇다면 법은 얼마나 오랜 역사를 가지고 있을까?

지금까지 알려진 인류 최초의 법전은 《우르남무 법전》이야. 현재 이란과 이라크, 시리아 등의 나라가 있는 중동 지방에서 발달한 메소포타미아 문명의 유산이지. 무려 3,000년 전에 살던 사람들이 법을 만들고 실천했다니 놀랍지 않니? 하지만 안타깝게도 《우르남무 법전》은 점토판에 옛 글자로 적혀 있어 해석이 어렵고 그 내용을 확인하기 쉽지 않다고 해.

《우르남무 법전》보다 유명한 법전이 있어. 바로 함무라비 왕이 만든 《함무라비 법전》이야. 1901년 말에 프랑스 탐험대가 페르시아의 오래된 도시에서 발견한 이 법전은 세계에서 가장 오래된 성문법(문자로 적어 표현하고, 문서의 형식을 갖춘 법) 중 하나로 평가받고 있단다. '눈에는 눈, 이에는 이'라는 말을 들어 본 적 있지?

도둑질한 사람은 손을 잘라라.
남의 눈을 멀게 한 사람은 똑같이 눈을 멀게 하라.
남을 죽인 사람은 평생 노예가 되어 살게 하라.
아들이 아버지를 때리면 아들의 손을 잘라라.

《함무라비 법전》

 이러한 것들이 바로 함무라비 왕이 만든 법의 내용이야. 메소포타미아 문명의 고대 바빌로니아를 통치했던 함무라비 왕은 260개가 넘는 법을 만들어 나라를 통치한 최초의 왕으로 알려져 있어. 그런데 함무라비 왕이 만든 법은 '보복주의'를 따르기 때문에 좀 섬뜩한 면도 있단다. 국민들이 피해를 입으면 국가가 대신 똑같이 보복하는 것이지. 조금 야만적이기는 하지만 이런 강력한 법이 있었기 때문에 당시 사람들은 범죄를 저지르지 않고 안전하게 살 수 있었을 거야.

그리스는 어땠을까? 잘 알려져 있듯 그리스는 민주주의 국가였어. 그런데 그리스에서는 시민들이 지나친 자유와 권리를 요구해 오히려 사회가 혼란스러워졌다고 해. 모든 사람이 권리만 주장하고 자신이 할 일은 하지 않으니 사회가 제대로 돌아갈 리 있었겠니?

이런 혼란한 사회를 바로잡기 위해 기원전 600년 무렵에 그리스의 정치가였던 솔론(Solon, B.C. 640?~B.C. 560?)이 '법에 따른 정치'를 제안했어. 솔론은 사람들의 뜻을 모아 만든 법에 따라 시민들을 다스리는 것이 가장 사회적으로 불만이 없다는 점을 잘 알고 있었던 거야. 그때까지만 해도 사람들은 신분이나 권력으로 모든 일을 해결해 왔어. 그러나 솔론의 개혁적인 법은 사람들에게 평등과 자유에 관한 의식을 키워 주었지.

솔론

솔론의 개혁법

첫째, 시민들을 계급에 따라 나누되 모든 사람들이 의견을 말할 수 있게 한다.

둘째, 빚지는 일로 억울하게 노예가 되는 일이 없게 한다.

셋째, 모든 시민이 정치에 참여할 수 있게 한다.

솔론의 개혁법은 지금 보더라도 손색이 없을 만큼 훌륭해. 인간은 평등하다는 평등의 원리와 인간은 자유롭게 살 수 있다는 자유의 원리를 모두 담고 있거든. 솔론의 개혁법은 많은 사람들의 불만에도 불구하고 오랜 시간 동안 지속되었고, 아테네 민주주의의 초석이 되었단다.

한편, '법' 하면 로마를 빼놓을 수 없어. 독일의 법학자인 루돌프 폰 예링(Rudolf Von Jhering, 1818~1892)이 《로마법의 정신》이라는 책에서 "로마는 군대와 기독교 그리고 법으로 세계를 지배했다."라고 말한 것을 보면 잘 알 수 있지. 로마 사람들은 많은 문제를 법으로 해결하고자 했어. 그것이 가장 합리적이라고 생각했거든. 남녀 사이의 결혼까지도 법적인 관계인 계약으로 생각했을 정도라니까!

　로마 사람들이 평소에 즐겨 쓰던 말 가운데 "약속(법)은 지켜져야 한다(Pacta sunt servanda)."라는 말이 있어. 로마 사람들은 이 말을 존중했고, 로마 사회의 법적인 문제를 푸는 기준으로 삼았어. 로마는 이처럼 발달한 법으로 세계를 지배할 수 있었단다.

　하지만 오랜 세월이 지나자 로마에도 점차 온갖 편법과 암투가 생겨났어. 로마가 자랑하던 법 제도도 점차 무너지고 말았지. 이를 두고 어느 학자는 "로마가 망한 것은 다른 이유가 아니라, 사회 질서와 법 제도의 혼란 때문이었다."라고 말하기도 했어. 만약에 로마가 계속 법 제도를 잘 지키고 존중했다면 어쩌면 로마는 오늘날까지도 존재하지 않았을까?

　이처럼 법은 사람들이 모여 살면서 생겨났고, 어떻게 활용하느냐에 따라 나라를 강하게 만들기도 하지만 무너뜨리기도 한단다.

법은 사회에서 어떤 역할을 하나요?

강제력을 지니기도 하지만 세상을 정의롭게 만들고 평화와 질서를 가져다주는 법. 이와 같은 법은 실제 우리 사회에서 어떤 역할을 하고 있을까?

법은 우리가 살고 있는 사회의 질서를 유지하고 사람들 사이의 다툼을 해결해 주는 역할을 해. 앞에서도 말했지만 법은 도덕이나 관습과 달리 강제성이 있기 때문에 지키지 않으면 처벌을 받아. 그래서 도둑이나 강도, 소매치기처럼 다른 사람에게 피해를 입히는 사람은 처벌을 받게 되는데, 이를 통해 우리 사회는 질서를 바로 세우지.

재미있는 예를 하나 들어 볼게. 흥부와 놀부 이야기 알지? 부모님의 유산을 독차지하고 동생인 흥부를 내쫓은 놀부가 과한

욕심을 부렸다가 결국은 재산을 모두 잃게 되었다는 그 이야기 말이야.

 욕심 많은 놀부는 제비가 준 박씨 덕분에 부자가 된 흥부의 이야기를 듣고 흥부네 집에서 몰래 박씨 하나를 훔쳐 왔어. 이 사실을 안 흥부가 놀부에게 말했어.

형님, 어떻게 이럴 수 있으세요? 남의 물건을 함부로 가져가는 것은 도덕에 어긋나는 일이에요.

도덕? 이깟 박씨쯤 가져갈 수도 있지! 뭘 이런 것을 가지고 도덕을 운운하는 게냐? 게다가 동생 건데 뭐 어때?

 때마침 근처를 지나던 암행어사가 이 모습을 보고 놀부에게 말했어.

놀부야, 너는 도덕을 지키지 않고 무시한 잘못보다 법을 어긴 잘못이 더 크구나. 나라 법에서 남의 것을 훔치면 곤장 100대를 맞는다고 정한 것을 몰랐느냐? 자, 저놈을 끌고 가거라!

법을 어기면 놀부처럼 벌을 받거나 교도소에 가야 해. 죄의 무게에 따라 형벌을 받아야 하지. 이처럼 법은 흥부 같은 사람들의 억울함을 풀어 주고, 놀부 같은 사람들을 처벌하면서 사회 질서를 유지해.

또한 법은 사회를 정의롭게 만들어. 돈이나 권력에 영향을 받지 않고 올바른 일을 하거나, 장애인과 가난한 사람처럼 힘없는 약자를 보호하고 돌보는 것이 바로 정의거든. 다음의 사례를 한번 살펴보자.

어느 날, 한 남자가 사업에 실패하고 거리를 헤매고 있었어. 모든 것을 잃은 이 사람에게는 아무런 꿈과 희망이 없었지. 그런데 나라에서 「새희망 대출법」을 만들어 사업에 실패한 사람들에게 돈을 빌려준다는 소식이 들렸어. 그 길로 은행으로 달려간 남자는 이천만 원을 빌려 다시 사업을 시작했어. 다행히도 사업은 나날이 번창했고, 남자는 모든 빚을 갚고 가족과 친구들 곁으로 다시 돌아갈 수 있었어.

여기서 법은 가난한 사람들에게 돈을 빌려주고 새 삶을 살 수 있게 도움으로써 정의를 세우는 일을 해냈어. 이처럼 법은 깨끗하고 바른 사회를 만드는 역할뿐 아니라 가난하고 외로운 사람들에게 힘이 되기도 한단다.

한편 법은 모든 사람들을 풍요롭게 살 수 있게 만들어. 이를 어려운 말로 '모든 사람의 이익(공공복리) 실현'이라고 하지.

만약에 모든 슈퍼마켓에서 백 원에 파는 초콜릿을 한 슈퍼마켓에서만 주인 마음대로 오백 원에 판다고 가정해 보자. 이 사실을 모르고 오백 원에 초콜릿을 산 사람은 얼마나 억울하겠니? 나중에라도 비싸게 주고 산 것을 알게 되면 슈퍼마켓 주인과 싸움이 일어날 수도 있을 거야.

이런 분쟁을 막기 위해 법은 미리 공정한 가격을 정해 놓고, 어느 한 사람이 이익이나 손해를 보는 것을 막고 있어. 공공의 이익을 위해 기준을 세워 놓고, 불공정함과 손해를 줄이는 것이지. 도둑질하는 사람을 잡아 감옥에 보내는 것도 마찬가지야. 앞으로 누군가가 입을지도 모르는 피해를 미리 막는 것이지. 이와 같이 법은 사람들의 삶을 풍요롭게 만드는 역할을 한단다.

법 없이 살 수 있는 사람도 있나요?

어떤 사람들은 법이 불편하고 불필요하다고 생각해. 그런 사람은 나라에서 괜히 법을 만들어 사람들을 피곤하게 만든다고 생각하지. 정말 법은 사람들을 불편하고 피곤하게 만드는 존재일까?

우리는 보통 착하게 사는 사람을 가리켜 '법 없이도 살 사람'이라고 말해. 이런 사람은 한자로 '무법자(無法者)'라고 표현하면 맞을까?

그래, 맞지 않아. 무법자는 법 없이도 살 사람과 정반대의 의미야. 법이 없는 것처럼 마음대로 행동하는 사람을 의미하지. 법 없이도 살 사람은 평소에 모범적이고 성실하며 다른 사람에게 전혀 해를 주지 않고 착하게 살아가는 사람이잖아? 세상에 이런 사람만 산다면 정말 법 없이도 평화로운 세상이 될 수 있을까?

여기서 말하는 법은 '벌을 주는 법'을 의미해. 그러나 법에는 벌을 주는 법 외에도 '장애인을 보호하는 법'이나 '아동의 행복한 삶을 위한 법' 등 다양한 법이 존재해. 이러한 법은 착한 사람들에게도 필요해. 범죄를 저지르거나 질서를 위반하지 않는 사람들에게는 벌을 주는 법이 굳이 필요하지 않지만, 그렇다고 해서 세상의 모든 법이 필요하지 않은 것은 아니거든. 오히려 바르게 사는 사람들이 범죄로 인해 피해를 입지 않고, 안전하고 떳떳하게 살면서 대접받을 수 있도록 법이라는 울타리는 더욱 단단하고 빈틈이 없어야 할 거야.

악법도 법이다.

누가 한 말인지 아니? 그래, 그리스의 현명한 철학자인 소크라테스(Socrates, B.C. 470?~B.C. 399)가 남긴 것으로 알려진 유명한 말이야. 소크라테스는 자신의 생각을 자유롭게 말하고 싶었을 뿐인데, 다른 사람들에게 모함을 받았어. 그리스 사람들은 소크라테스가 사회를 어지럽게 하려고 헛소문을 내고 다닌다며 그를 감옥에 가두었어. 평생 동안 아테네와 그리스 사람

자크 루이 다비드가 그린 《소크라테스의 죽음》:
소크라테스가 독이 든 잔을 마시기 전에 자신의 생각을 이야기하고 있다.

들을 사랑했던 소크라테스는 사형 판결을 받았을 때 어떤 심정이었을까? 나중에는 죄가 없다는 사실이 밝혀졌지만 당시 소크라테스는 잘못된 판결임에도 승복하려고 노력했어. 사회에 해를 끼치는 나쁜 법인 '악법'이라도 그리스 사람들이 그렇게 하기로 약속한 것이라면 그것을 깰 수 없다고 생각했기 때문이야.

그런데 사실 소크라테스는 "악법도 법이다."라고 말하지 않았다고 해. 실제로는 그런 악법을 고쳐야 한다는 점을 강조했지. 잘못된 법과 판결에 대해 불만이 있을 수밖에 없던 소크라테스가 판결을 받아들인 것은 그가 훌륭한 사람이었기 때문이기도 하지만, 그리스 사람들이 법에 깊은 신뢰를 가지고 있었기 때문이라고도 볼 수 있단다.

결국 소크라테스는 자신의 신념을 포기하는 대신 죽음을 선택했어. 그리고 독이 든 잔을 마시고 숨을 거두었지.

훗날 여러분이 법을 공부하거나 법과 관련된 일을 하게 된다면 법의 문제점을 볼지도 몰라. 완벽한 법은 보기 드물거든. 그럴 때 여러분은 어떤 선택을 하게 될까? 악법도 법이라고 하면서 그냥 놔둘까? 그럼, 여러분이 법을 열심히 공부해서 더 완벽한 법이 될 수 있도록 고치면 어떨까?

 법에는 어떤 것들이 있나요?

우리는 보통 법을 어렵다고 생각해. 실제로 법은 우리 사회의 모든 영역을 아우르기 때문에 방대하고 복잡해. 그러나 조금만 더 관심 있게 들여다보고, 큼직하게 분류하면 쉽게 파악할 수 있어.

법은 나라마다 달라. 종류도 많고 내용도 다양하지.

우리나라에는 모든 법률의 뿌리이자 기초가 되는 「헌법(憲法)」이 있어. 「헌법」에는 우리나라가 어떤 나라인지, 또 모든 국민이 어떠한 권리와 의무를 가지는지에 관한 내용이 담겨 있어. 그뿐만 아니라 우리나라의 중요한 헌법 기관인 국회, 대통령, 행정부, 법원, 헌법재판소 등에 대해서도 상세히 다루고 있지. 「헌법」은 우리나라 모든 법률의 뿌리이자 기초가 되는 법으로, 모든 법의 으뜸자리에 있다고 볼 수 있어. 자유, 평등,

정의 등의 헌법 이념과 민주주의, 법치주의 등의 헌법 질서는 모든 법을 아우르는 큰 그릇과 같지.

보통 법은 공법(公法)과 사법(私法)으로 나누곤 해. '공공의 법률'인 공법은 국가와 국가를 구성하는 사람에 대한 법률로, 보다 사회적인 관심에 초점이 맞춰져 있어. 형법, 행정법, 조세법, 선거법, 국제법 같은 것들이 바로 공법이란다.

형법은 공법의 대표적인 법률로, 나라의 힘을 빌려 범죄를 저지른 사람들을 처벌하는 법률이야. 간단히 말해 범죄와 형벌을 다루는 법이지. 오늘날 형법은 점점 발전하고 있어. 최근에는 형사특별법, 형사특례법 같은 법 등이 생겨나 특별한 사건을 다루는 경우가 많아졌지.

반면에 사법은 '개인적인 법률'이라는 뜻으로, 사람과 사람 사이의 권리와 의무를 정리해 놓은 법률이야. 민법이나 상법 같은 법이 사법에 속하지.

민법은 조문 수가 1,118개나 되는 방대한 법률이야. 이 방대한 법률은 우리나라 사람들이 살면서 접하는 계약이나 물권(물건에 대한 권리), 가족과 관련된 일(혼인, 친족, 상속 등) 등에 대해 자세하게 정하고 있어. 민법은 사람들의 삶과 관련된 거의 모든 일을 다루고 있기 때문에 사법 중에서도 가장 중요한 법률로 손꼽힌단다.

이 밖에 사회법이라는 것도 있어. 공법이나 사법의 분류에 속하지 않는 법률로, 사회 공공의 이익을 위한 환경법이나 경제법, 노동법, 사회보장법 같은 것들이 여기에 속해. 기본적으로는 사회적인 문제를 다루지만, 종종 개인적인 문제로 비춰질 수 있는 사례도 다루지. 예를 들어 근로기준법에서는 우리나라의 노동 질서를 다루면서도 근로자의 임금과 안전에 대해서도 정하고 있어.

법은 문자로 만들어진 '성문법'과 문자로 만들어지지 않은 '불문법'으로 나누기도 해. 나라에서 일정한 절차를 거쳐 만드는 민법이나 형법 같은 법률이 성문법에 해당돼. 반면에 불문법은 법전 같은 형체가 없는 사회적 습관을 법으로 인정하는 경우야. 그런데 이와 같이 관습을 법으로 인정하면 그걸 모르는 사람들은 불만이 클 거야. 그래서 현대 사회가 복잡해질수록 이러한 관습들은 점차 사라지고 있다고 해.

그럼 이처럼 다양한 법들이 지니는 지위는 어떨까? 모두 동등한 위치에 있고, 같은 영향력을 가지고 있을까? 아니란다. 법도 힘의 순서대로 나눌 수 있단다.

법은 누가 어떻게 만드나요?

왕과 같은 절대 권력자들이 법을 만들었던 옛날에는 왕의 기분에 따라 형벌이 주어지기도 했어. 너무 불공평하다고? 그래서 지금은 옛날처럼 한두 사람이 법을 만들지 않고 여러 전문가들이 모여 머리를 맞대고 법을 만든단다.

최근에 각종 매체를 통해 어린이집이나 학교 등에서 선생님이 어린아이들을 심하게 때린 사건이나 가정에서 부모가 아이를 학대한 사건들을 접한 적 있을 거야. 이런 일들로 인해 많은 사람들이 아동 학대자를 엄격하게 처벌하고, 학대받는 아이들을 빠르게 구조할 수 있는 법률을 만들어 달라고 정식으로 요구했어. 이러한 요구를 '입법 청원'이라고 해. 이 요구대로 국회에서는 「아동학대범죄의 처벌 등에 관한 특례법(아동학대처벌법)」이라는 법률을 새로 만들었지.

부모님이 투표하시는 모습을 본 적 있지? 이처럼 국민들이 자신이 사는 지역을 대표하는 국회의원을 뽑으면 그 국회의원들이 국회에 모여 법을 만들어. 우리나라 최고 법인 「대한민국 헌법」에 보면 "입법권은 국회에 속한다."라는 내용이 있는데 이것은 '국회가 국민들의 생활에 큰 영향을 미치는 법을 만든다.'라는 의미야. 이 때문에 국회를 '입법부'라고 부르지. 국회에서는 300명의 국회의원과 공무원, 보좌직원, 변호사, 박사 등 6,000여 명의 법률 전문가들이 보다 좋은 법을 만들기 위해 애쓰고 있단다.

여의도에 위치한 국회의사당

다시 처음의 사례로 돌아가 볼까? 어린이를 학대하면 엄격하게 처벌하고 피해 어린이를 신속히 구조하는 법률이 필요하다고 요구했던 사람들 있었지? 이러한 국민의 의견을 '여론'이라고 해. 여론은 신문, 방송 같은 언론 보도나 건의서, 제안서 등의 형태로 국회에 전달돼. 그러면 국회의원들은 여론을 토대로 법제관, 입법조사관, 보좌관 등의 전문가들과 함께 어떻게 법을 만들지 토의하지. 이런 과정을 거쳐 '법률안(법안)'이 탄생하게 되는 거야.

이제 그 법률안을 국회의원 10명 이상이 동의해 정식으로 국회에 내면(발의), 국회에서는 관련 상임위원회의 의결을 거친 후, 법제사법위원회를 거쳐 더욱 구체적으로 법률안을 다듬어. 이 과정에서 학대자를 더욱 엄하게 처벌해야겠다든지 피해 아동을 효과적으로 구제할 방안을 추가해야 한다는 등의 의견이 반영되지. 그 후 국회 본회의에 법률안이 올라가면 전체 국회의원의 절반 이상이 출석한 자리에서 그 절반 이상이 찬성해야 법률안이 통과될 수 있어. 이 과정을 '본회의 상정', '법안 통과(의결)'라고 표현하기도 해.

실제로 이 법률안은 2012년도부터 2013년도까지 무척 신중하게 논의되었고, 2014년도 1월에 「아동학대범죄의 처벌 등에 관한 특례법」이라는 명칭으로 법률이 제정되었어. 사회적인 주목을 받은 사례라 그런지 무척 신속하게 만들어진 편인데도 무려 2년 정도의 기간이 걸렸고, 수천 명이 넘는 사람들의 눈과 손을 거치며 꼼꼼하게 검증되었단다. 이로써 우리나라는 아동 학

국회의 입법 절차

대 범죄를 더욱 효과적으로 처벌하고, 어린이들을 학대 범죄로부터 신속하게 보호할 수 있게 되었어.

　법이 제정되는 과정을 살펴보면서 자연스럽게 '제정'이라는 말의 뜻을 알았겠지? 예전에 없던 법을 새로이 만드는 것을 제정이라고 해. 반면에 법의 내용을 바꾸는 것은 '개정'이라고 하지. 사실 법은 제정하는 경우보다 예전 법을 조금씩 바꾸는 개정의 경우가 더 많아. 우리나라의 경우에도 법률 개정의 경우가 95퍼센트 이상을 차지하고 있지.

　예전의 「도로교통법」에는 어린이를 보호하기 위한 특별한 내용이 없었어. 그런데 법이 개정되면서 어린이 보호 구역이라는 것이 생겼고, 도로에서 어린이를 특별히 보호해야 한다는 규정도 마련되었지. 이제는 개정된 법률에 따라 어린이 보호 구역에서 난폭 운전을 하거나 어린이를 보호하지 않으면 처벌을 받게 돼.

　이처럼 법률의 제정과 개정은 그 모습이 다르지만 모두 국민들의 요구를 국회가 받아들여 최대한 우리 사회에 합당한 방향으로 법을 만들어 간다는 점에서는 동일해.

　법이 어떻게 만들어지는지 알았으니 혹시 추가로 필요한 법이 있는지 곰곰이 생각해 보면 어떨까?

법과 관련된 곳은 어디인가요?

법은 국회에서 만들어. 그렇다면 법이 본격적으로 활용되는 곳은 어디일까? 아마 법을 실제로 집행하는 곳이나 법을 기준으로 사람들의 잘잘못을 판단해 주는 곳 등에서 활용되고 있지 않을까?

국민들이 뜻을 모아 여론을 형성하면, 국민의 대표인 국회의원들이 토론을 거쳐 법률안을 정식 법률로 통과시켜. 국회는 입법부라는 이름대로 법을 만드는 역할에 충실하며 정치, 행정, 외교, 국방, 경제, 재정, 금융, 환경, 노동, 문화, 보건, 복지, 교육, 국토, 과학기술 등 다양한 분야에서 필요한 법률을 만들고 다듬지.

종종 정부에서도 법률안을 만들어 국회에 내기도 하는데, 이것은 헌법에서 정한 대로 행정부가 국회에 법률안을 제출할 수

있는 고유 권한을 가지고 있기 때문에 가능한 일이야. 이것을 어려운 말로 '정부 제출 법률안'이라고 해. 이처럼 여러 경로를 통해 국회를 통과한 법률들은 넓은 세상에 나와 다방면에서 활발하게 작동하게 된단다.

행정부는 법을 집행하는 기관을 말해. 법을 가지고 실제로 활용하는 기관이지. 대부분의 관공서가 행정부에 속하는데 예를 들면 기획재정부, 외교부, 보건복지부, 법무부,

국방부, 교육부 등과 같은 행정부처가 여기에 속해. 행정부는 법에 따라 나라를 다스리고 사람들 사이의 문제에 법을 적용해. 각 분야의 행정부처들은 자신들의 정책에 따라 필요한 법률을 가지고 활용하지.

예를 들어 국회에서 조세법을 만들면 국세청에서는 그 조세법을 근거로 사람들에게 세금을 부과하고 징수해. 또 국회가 중요 무형 문화재 보유자, 즉 인간문화재를 지원하는 법률을 만들면 문화체육관광부에서는 그 법을 근거로 인간문화재라고 불리는 사람들을 지원하지.

그런데 만약에 사람들이 법의 내용을 서로 다르게 이해하고 해석해 법적인 분쟁(다툼)이 생기면 어떻게 해야 할까? 이때부터는 법원과 같은 사법부가 움직이게 된단다. '법을 해석하는 곳'을 뜻하는 사법부는 대법원과 대법원 아래의 법원들을 말해. 사법부에서는 법을 해석하고 판단해 적용하는 일을 하지.

법원은 법을 기준으로 사람들의 잘잘못을 판단해 주는 곳이야. 법원을 생각하면 재판이나 소송이 먼저 떠오를 거야. 소송은 법원에서 분쟁을 해결하는 방법 중에 하나야. 민사소송, 행정소송, 가사소송, 선거소송 등이 있지. 그리고 죄인에게 적절한 벌을 내리는 형사소송도 있어.

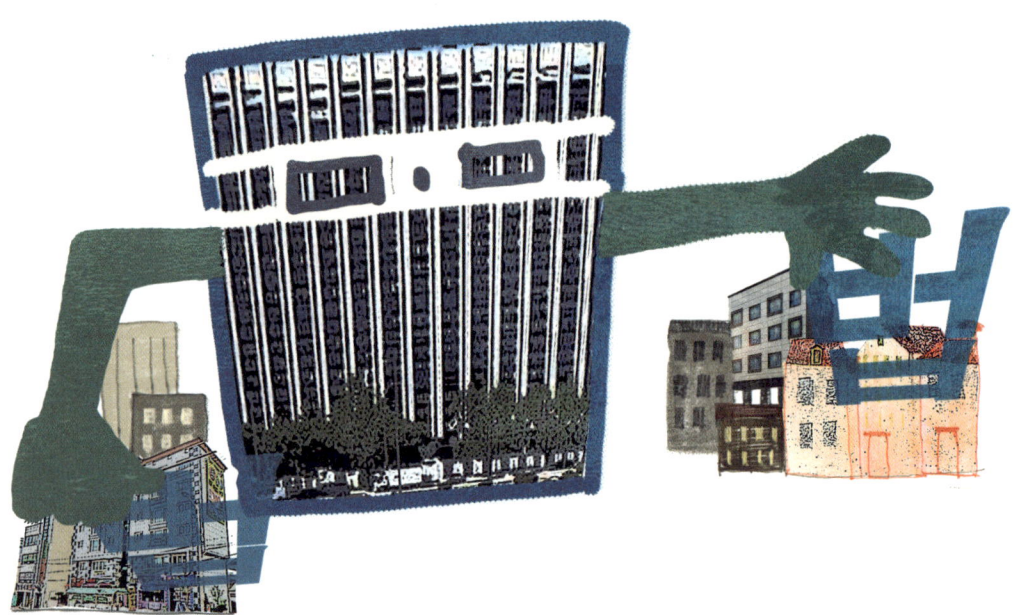

법원은 대법원과 큰 도시에 설치된 고등법원 그리고 각 지역마다 설치된 지방법원으로 구성되어 있어. 우리나라는 3심제라고 해서 세 번에 걸쳐 재판을 할 수 있도록 하고 있는데, 판결 결과가 옳지 않다고 판단되면 더 높은 상급 법원으로 가서 재판을 신청할 수 있어. 그러니까 지방법원에서 고등법원으로, 고등법원에서 대법원으로 올라가며 재판을 신청할 수 있다는 말이야.

헌법재판소도 크게 보면 사법부에 속하는 기관이야. 헌법재판소는 1980년대 후반에 생긴 곳이지만, 우리나라의 「헌법」을 해석하는 중대한 일을 해. 국회가 잘못된 법률을 만들거나 행정부가 법 집행을 잘못하면, 헌법재판소는 '위헌(헌법에 위반되는 일)'이라고 선언해. 친일파의 재산을 몰수하는 법을 합헌이라고 한 사례, 영화 사전 검열을 위헌이라고 한 사례, 공무원 응시에 나이 제한을 둔 것을 위헌이라고 한 사례, 통합진보당을 위헌 정당으로 보아 해산한 사례 등은 헌법재판소가 우리 사회에 큰 발자취를 남긴 사례란다.

한편 법과 관련된 기관을 꼽으라면 검찰(청)도 빼놓을 수 없어. 검찰은 검사들로 이루어진 조직인데, 행정부인 법무부에 소속된 기관이야. 영화나 드라마에서는 검사가 주로 법정에서 피고인이나 변호인을 상대로 치열한 법리 논쟁을 벌이곤 해. 하지만 대부분의 검사는 법정이 아닌 곳에서 범죄를 수사하거나 단속해 재판으로 넘기는 일을 많이 해. 이러한 특징 때문에 검찰을 수사 기관이자 준사법 기관이라고 부른단다.

경찰은 행정부인 행정자치부에 소속된 기관이야. 검사의 지휘를 받아 범죄 사건을 수사하는 한편, 경찰 본연의 업무인 범죄 예방과 국민의 안전을 지키는 일도 하고 있지. 사회에 혼란을 일으키는 불안 요소나 교통 문제 등을 미리 정리하고, 분쟁이 발생하면 그것을 해소하는 일도 경찰이 맡은 중요한 임무란다.

이외에도 국민들이 보다 손쉽게 법률 문제를 해결하고자 찾는 로펌(법무법인)이나 법률 사무소, 대한법률구조공단과 같은 곳도 있어. 변호사는 의뢰인으로부터 보수를 받고 법률 문제를 다루는 사람이야. 대한법률구조공단은 국민을 위해 최소한의 비용만 받거나 때로는 무료로 법률 문제를 해결해 주는 곳이지.

뉴스를 통해 종종 접하던 여러 기관들의 성격과 그 역할을 살펴보니 친숙하면서도 새롭지 않니? 이처럼 법은 국회로부터 나오지만 살아 숨 쉬는 생물처럼 사회 전역을 돌아다니며 행정부, 사법부 등과 큰 관계를 맺는단다.

민주주의와 법은 어떤 관계인가요?

민주 국가는 국민이 주인인 나라야. 독재 국가인 북한도 자기 나라를 '조선민주주의인민공화국'이라고 부르는 것을 보면, 이 세상 모든 나라가 국민을 주인으로 생각하기는 하나 봐. 그런데 실제로도 국민이 주인인 나라가 많을까?

옛날에는 왕이 나라를 지배했어. 막강한 권력을 가진 왕이 자기 마음대로 나랏일을 하기도 했지. 때로는 폭군이 등장해 국민들을 괴롭히거나 터무니없이 많은 세금을 거둘 때도 있었어. 그들의 독재 정치에 국민들은 지쳐 갔고, 결국 국민들은 자신들의 권리를 찾기 위해 혁명을 일으켰지.

1789년에 일어난 프랑스 혁명은 국민들이 왕과 귀족들의 폭정과 세금 수탈에 저항한 최초의 근대 혁명이야. 이 혁명의 결과로 근대 민주주의가 생겨났다고 평가하기도 하지. 그보다 앞

장 피에르 루이 로렌트 휴엘이 그린 《시민들에게 공격받는 바스티유 감옥》

선 1649년에 일어났던 영국의 청교도 혁명은 일부 귀족과 국민이 힘을 합쳐 왕의 독재를 견제했던 사건이야. 이 혁명으로 영국에서는 왕의 권력이 줄어들고 국민의 대표인 의회의 권한이 막강해졌단다.

이러한 혁명들을 거치며 많은 학자들이 민주주의를 연구하기 시작했어. 국민이 국가의 주인이라는 생각은 이미 고대 그리스 아테네 때부터 있던 생각이었어. 그러던 것이 언제부터인가 왕과 귀족들이 마음대로 국민들을 지배한 것이지. 학자들은 이것이 이치에 맞지 않는다고 생각했어. 대표적인 인물로 존 로크(John Locke, 1632~1704)와 장 자크 루소(Jean Jacques Rousseau, 1712~1778)를 꼽을 수 있는데, 이들은 계몽주의 시대의 사상가로서 근대 이후에 민주주의가 새로이 자리 잡는 데 크게 기여했어.

로크는 '국가를 사회적인 계약으로 형성된 것'으로 보면서 국민들이 자신의 권한을 계약으로 맡긴 것뿐이라고 설명했어. 루소도 프랑스 혁명을 가까이에서 지켜보면서 '국가는 인민들이 맺는 계약으로 만들어진다'는 사상을 정리했지. 로크와 루소의 주장을 정리해 보면, 원래의 권력(권한)은 국민들이 가진 것이므로 정치를 맡은 왕이나 귀족이 폭정을 하면 국민들은 그 권한을 회수할 수 있어. 이렇게 보면 국민의 뜻에 따른 혁명은 정당화될 수 있지. 민주주의의 본질을 참 쉽고 간단명료하게 정리한 주장이었어.

민주주의의 반대는 독재야. 옛날의 왕들이 그랬던 것처럼 힘 있는 사람이 국민의 뜻과 상관없이 자기 마음대로 나라를 다스리는 것이지. 통치자의 힘이 국민의 뜻인 법보다 더 강한 정치 형태라고 말할 수 있어.

하지만 민주 국가들은 하나같이 법으로 통치하는 '법치주의'를 따르고 있어. 법치주의는 국민의 뜻을 모아 국회에서 절차에 따라 완성한 법률로 나라를 다스리는 것을 말해. 국민들의 의견에 따라 나라를 통치한다는 점에서 민주주의와 궁합이 잘 맞아. 독재자가 다스리는 나라에서는 법에 따른 통치가 잘 이루어지지 않아. 독재자가 마음대로 힘을 휘두르며 원칙 없이 국민들을 다스리기 때문이야. 이러한 측면에서 법은 민주주의를 위해 큰 역할을 하고 있어.

우리나라 「헌법」에는 "대한민국은 민주공화국이다. 대한민국의 주권은 국민에게 있고, 모든 권력은 국민으로부터 나온다."라는 조항이 있어. 국민들로부터 힘이 나온다는 것은 우리나라가 국민이 주인인 민주주의 국가라는 것을 강조하는 것과 같아. 그런데 여기에서 말하는 '공화국'이 무슨 뜻인지 아니?

일본의 왕인 아키히토

일본이나 네덜란드, 스웨덴, 영국 등에는 왕이 있어. 나라의 최고 대표가 왕인 거야. 그러나 우리나라를 비롯해 미국, 중국 등의 여러 나라에는 왕이 따로 없어. 국민들이 대표를 뽑아야 하지. 우리나라처럼 주권이 국민에게 있는 나라가 바로 공화국이야.

우리나라는 민주주의 국가일까? 독재 국가일까? 우리나라는 민주주의 국가야. 또한 왕권 국가가 아닌 민주공화국이지. 그렇게 볼 수 있는 첫 번째 이유는 국민들이 나라와 국민을 대표하는 대통령과 국회의원을 선거로 뽑기 때문이야. 그리고 두 번째 이유는 옛날의 왕과 같은 독재자가 없기 때문이지. 마지막으로 세 번째 이유는 국민의 대표가 만든 법에 따라 국가가 운영되고 있기 때문이야.

이처럼 법은 나라를 다스리는 일과도 긴밀한 관계를 맺고 있어. 법에 따라 나라를 통치하느냐에 따라 나라의 통치 방식이 달라진다는 점을 잘 알았겠지?

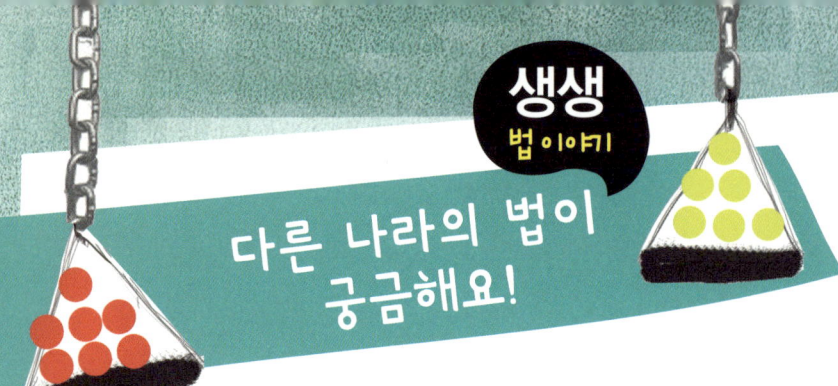

생생 법이야기
다른 나라의 법이 궁금해요!

싱가포르는 참 질서 정연하고 깨끗한 도시 국가야. 비록 영토는 크지 않지만 사람들이 성실하고 똑똑해서 선진국 대열에 들어선 나라지. 그런데 말이야, 이 나라에는 사람을 때리는 형벌이 존재한다고 해. 바로 '태형'이라고 불리는 형벌로, 누구든지 잘못을 하면 몽둥이 기계에 끌려가서 곤장을 맞게 되지. 우리나라에도 조선 시대 때 이런 형벌이 있었어. 물론 지금은 없어졌지.

실제로 어떤 미국 청년이 싱가포르에서 술에 취해 동네에 주차된 차를 부수자 싱가포르 법원은 그 청년에게 태형을 선고했어.

청년은 엉덩이를 여러 차례 맞은 다음에야 풀려날 수 있었지. 당시 미국 정부에서 싱가포르 정부에 항의했지만 소용이 없었다고 해.

중동의 여러 나라들 또한 엄격한 법 제도를 가진 것으로 유명해. 사우디아라비아는 혼자 운전하는 여성을 처벌하고 있고, 이집트는 날씨가 아무리 더워도 여성에게 부르카라는 두꺼운 가운을 꼭 입게 한다고 해. 특히 술에 대해서는 매우 엄격해서 함부로 술을 마시고 돌아다니거나 유적지 혹은 사원 부근에서 술을 마시는 것을 엄격히 금지하고 있어. 중동의 일부 나라에서는 기독교 남성과의 결혼을 금지한다거나 외도한 여성에게 사형을 내리는 등 여성에게 더 가혹한 형벌을 내리기도 해.

한편 영국에서는 여왕이 그려진 우표를 거꾸로 붙이면 반역 혐의로 재판에 넘겨질 수 있다고 해. 또 영국 스코틀랜드 지역에서는 화장실이 필요한 외부인에게 화장실을 쓰도록 허락해 줘야 하지. 미국의 어느 주에서는 양파 냄새를 풍기는 아이는 학교에 보내지 못하게 하고 있어. 또다른 주에서는 콧수염을 기른 남성은 여성에게 키스하지 못하게 금하고 있지.

이런 법률들을 보면 세상에는 참 다양하고 특이한 법이 존재하고 있다는 생각이 들지 않니?

2장

우리 가까이에 법이 있다고요?

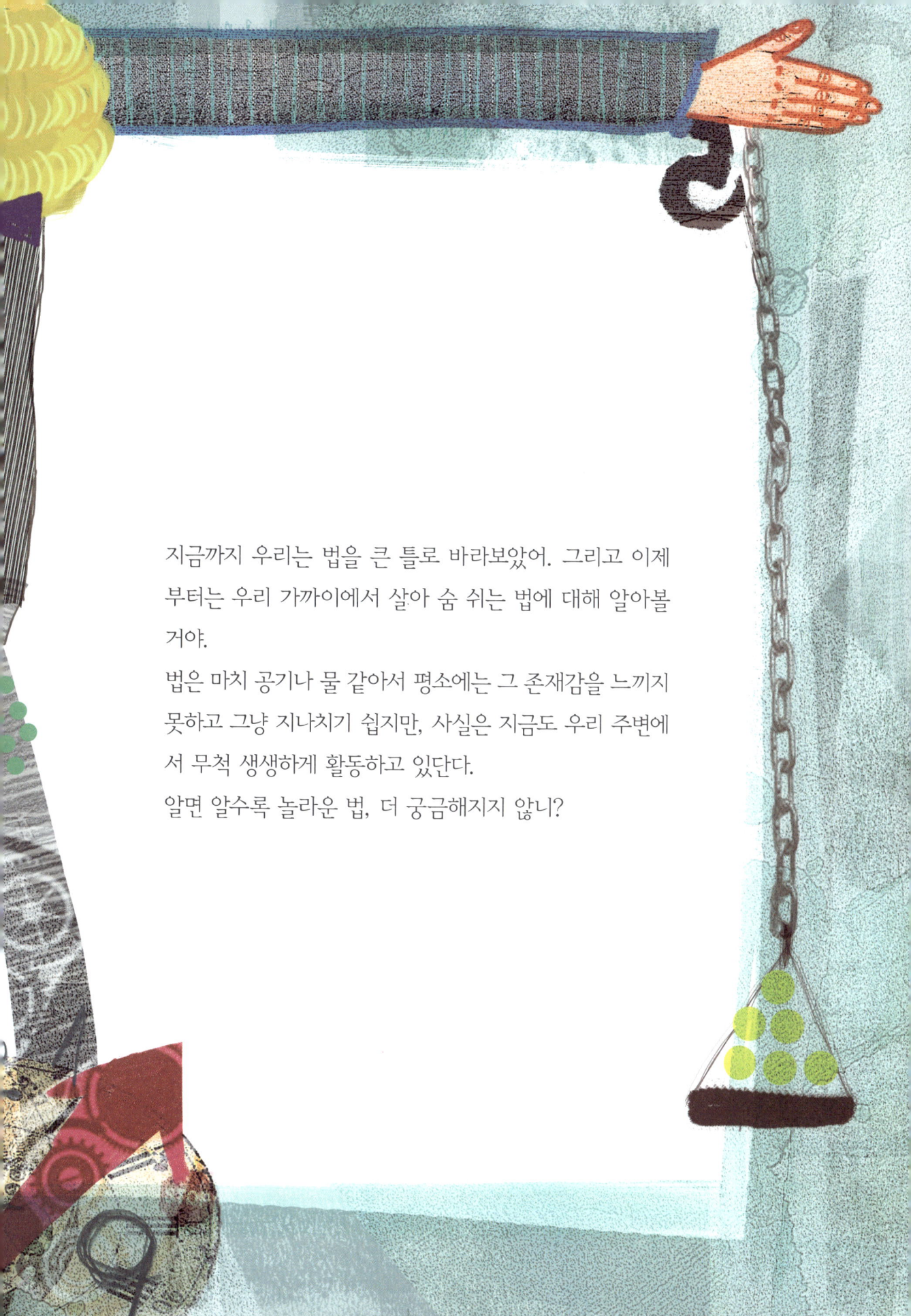

지금까지 우리는 법을 큰 틀로 바라보았어. 그리고 이제부터는 우리 가까이에서 살아 숨 쉬는 법에 대해 알아볼 거야.

법은 마치 공기나 물 같아서 평소에는 그 존재감을 느끼지 못하고 그냥 지나치기 쉽지만, 사실은 지금도 우리 주변에서 무척 생생하게 활동하고 있단다.

알면 알수록 놀라운 법, 더 궁금해지지 않니?

가족 사이에도 법이 있다고요?

나라의 중요한 일을 결정하거나 범죄자를 다스릴 때만 법이 필요한 것은 아니야. 법은 우리 가족이나 이웃 사이에도 존재하거든. 정다운 가족 사이에 법이라니, 대체 무슨 이야기인지 궁금하지?

우리와 가장 가까이에 있는 법률은 무엇일까? 그건 바로 「민법」이야. 「민법」은 말 그대로 사람들 사이의 법률이야. 앞에서도 말했지만 「민법」에는 무려 1,118조나 되는 법 조항이 있어. 그 가운데 300여 개가 가족과 관련된 법률이지. '친족'이라고 명시된 부분이 바로 가족이나 친척, 혼인과 관련된 법률 내용이야. 예를 들어 아이의 성(姓)을 무엇으로 할지, 결혼할 수 있는 나이는 몇 살로 정할지 등 여러 가지 내용이 포함되어 있지.

부모님과 나는 1촌이고, 형과 누나, 오빠와 언니 그리고 동생과 나는 2촌이야. 우리는 흔히 4촌, 6촌, 8촌 등으로 촌수를 정하고 친족을 구분해. 법률에서 인정하는 친족은 몇 촌까지일까? 우리나라 법률에서는 친족이 되려면 8촌 이내여야 하고, 결혼한 경우라면 남편이나 아내의 4촌까지 친족이 될 수 있다고 정하고 있어.

또 「민법」에는 약혼 제도라는 것이 있어서 '결혼을 약속한 지위'를 법으로 인정해 주기도 하지만, 약혼이나 결혼을 하려면 열여덟 살이 되어야 한다고 정하고 있어. 이 책을 읽고 있는 친구 중에 혹시 빨리 결혼하고 싶은 사람이 있니? 미안하지만 열여덟 살까지는 기다리렴.

가족을 이루는 기초는 무엇일까? 똑똑한 친구라면 바로 '아빠와 엄마'라고 답할 거야. 더 깊이 생각하면 '부부'겠지. 가족의 기초는 바로 결혼이야. 법률 용어로는 '혼인'이라고 하지. 그래서 「민법」에서는 혼인에 대해 많은 부분을 규정하고 있어.

혼인은 가족을 만들겠다는 계약이야. 쉽게 말해 남녀가 만나 같이 살자고 약속하고 함께 사는 것이지. 여기에는 여러 가지 권리와 의무가 필요해. 법적으로 보면 혼인은 함께 살거나 결혼식을 치렀느냐보다 혼인 신고를 했느냐가 훨씬 중요해.

그럼 우리 가족 가운데 계약을 맺고 있는 사람은 누구일까? 바로 아빠와 엄마야. 남자와 여자가 결혼을 하면 '혼인 계약'이 성립되는데, 「민법」 가운데 친족·상속법은 바로 혼인 계약을 하면서부터 시작된단다.

혼인 계약을 맺은 부부는 이제 함께 살며 안락한 가정 생활을 위해 돈을 벌어야 해. 서로 도우며 부부 각자의 재산을 존중해야 하지. 이러한 것들을 어려운 말로 '동거의 의무', '부양의 의무', '부부별산제'라고 해.

우리의 부모님이 계약으로 맺어진 사이라고 하니 좀 이상하지? 하지만 혼인에 대한 법률을 정해 놓지 않으면 가족이라는 울타리가 튼튼하게 유지되지 못할 수도 있어.

옛날이야기 중에서 '선녀와 나무꾼'이라는 이야기 알고 있니? 하늘에서 내려온 선녀가 나무꾼의 아내가 되어 아이 둘을 낳고 함께 살았지만 결국 선녀와 아이들이 하늘로 올라가 영원히 이별했다는 비극적인 이야기 말이야. 만약에 함께 살던 중 나무꾼이 갑자기 사고로 죽거나 누군가 선녀를 하늘로 몰래 데려갔다면 이야기는 어떻게 될까?

선녀와 나무꾼이 혼인 신고를 한 정식 부부라면 나라에서

혼인 신고부터 할 걸!
신고를 안 했다고
정식 부부가 아니라니!

는 선녀와 나무꾼을 보호해 줄 수 있어. 하지만 선녀와 나무꾼이 혼인 신고를 하지 않고 살았다면 법적으로는 남남이기 때문에 서로의 재산을 물려받거나 법적인 보호를 받을 수 없는 경우가 생길 수도 있지.

자, 이제 부모님과 여러분의 관계를 살펴볼까? 법적으로 여러분은 부모님의 친권에 복종해야 하는 '자식'이야. 친권은 부모가 미성년인 자식을 보호하고 감독할 권리와 의무를 말해. 복종이라는 말이 좀 딱딱하게 들릴지도 모르지만 반대로 생각해 보렴. 그만큼 법적으로 부모님의 사랑과 보호를 보장받고 있다는 뜻 아니겠니?「민법」에서는 '친권자(부모)는 자(자녀)를 보호하고 양육할 권리·의무가 있다.'라고 분명히 밝히고 있어. 그렇기 때문에 여러분은 부모님께 대가 없이 어떠한 요구도 할 수 있는 것이란다. 그렇다고 해서 부모님께 막무가내로 비싼 물건을 사 달라고 하는 것은 곤란해!

부모님께 받는 만큼 여러분은 자식의 의무를 다해야 해.「민법」에는 '자(자녀)는 친권자가 지정한 장소에 거주하여야 한다. 친권자는 그 자(자녀)를 보호·양육하기 위하여 필요한 징계를 할 수 있고, 법원의 허가를 얻어 감화(감호, 교화) 또는 교정기관(청소년 보호 센터 등)에 맡길 수 있다. 자(자녀)가 자기의 명의로 취득한 재산은 그 특유재산(자녀의 재산)으로 하고 법정대리인인 친권자(부모)가 이를 관리한다.'라는 내용도 있거든.

너무 어렵다고? 그럼 좀 더 쉽게 설명해 줄게. 여러분은 열아홉 살이 되기 전까지는 부모님과 살면서 부모님께 혼이 나더라도 그것을 교육으로 받아들여야 해. 그리고 세뱃돈처럼 다른 사람에게 받은 용돈은 부모님이 관리할 수 있어. 조금 억울해하는 친구가 있을지도 모르지만, 무엇보다 중요한 것은 이런 계약과 상관없이 부모님은 여러분을 무조건 사랑한다는 거야.

한편 '상속'에 관한 것도 가족 사이의 법 중에서 유심히 살펴봐야 할 부분이야. 상속은 가족이나 친족 가운데 누군가가 죽은 사람의 재산에 대한 권리와 의무를 갖는 것을 말해. 쉽게 말해 할아버지나 할머니께서 돌아가시면서 남긴 재산을 법이 정한 순서에 따라 물려받는 거야. 물론 미리 작성해 놓은 유언장이 있다면 그것을 우선 따라야 하지.

할아버지가 돌아가시면 할아버지의 아들·딸이 먼저, 그 다음에 손자·손녀가 상속을 받게 돼. 그리고 다음으로 할아버지의 아버지·어머니, 그 다음에는 할아버지의 형제,

마지막으로 할아버지의 삼촌·사촌 순으로 상속을 받지. 할아버지의 배우자인 할머니는 자녀와 함께 상속을 받거나 자녀가 없는 경우에는 혼자 상속을 받아. 여기에서 알아야 할 것은 상속은 재산을 공평하게 나누어 가지는 것이 아니라 상속자 가운데 우선 순위에 있는 사람이 재산을 모두 물려받는 것이란다.

아빠가 14억 원의 재산을 남기고 돌아가셨다고 가정해 보자. 남은 가족으로는 할아버지, 엄마, 딸, 아들, 삼촌이 있어. 그럼 누가 얼마의 돈을 상속받게 될까? 일단 유산을 상속받는 사람은 엄마와 딸, 아들 세 명이야. 그리고 엄마는 아빠와 살면서 함께 재산을 모은 것을 인정받아서 딸이나 아들에 비해 1.5배 더 많은 돈을 받아. 그러니까 이를 정리하면 아래와 같아.

1. **상속인** 엄마(배우자), 딸, 아들
2. **상속 비율** 엄마 : 1.5, 딸 : 1, 아들 : 1
3. **상속액**

    - 엄마 : $14억 \times \dfrac{1.5}{3.5} = 6억$ 원

- 딸 : 14억 × $\frac{1}{3.5}$ = 4억 원

- 아들 : 14억 × $\frac{1}{3.5}$ = 4억 원

심봉사가 죽으면 심청이가 심봉사의 모든 재산을 상속받고, 법적인 부인이 아닌 뺑덕어멈은 한 푼도 받지 못해. 또 흥부가 죽으면 흥부의 아내와 자식들이 흥부의 재산을 모두 물려받지, 놀부는 상속 순위가 낮아 받지 못하는 거야.

그런데 상속을 받는 것이 무조건 좋은 것만은 아니야. 상속을 받으면 법에 따라 세금을 내야 하는데, 재산의 절반 가까이를 세금으로 내야 하는 경우도 있거든. 왜냐하면 상속으로 받은 재산은 일하지 않고 벌어들인 '불로 소득'이라서 사회에 환원되어야 한다는 인식이 크기 때문이야. 집이나 빌딩을 물려받는 경우에는 현금으로 세금을 내야 하기 때문에 상속자가 매우 곤란해하기도 해.

가족 사이에도 이렇게 많은 법이 존재하고 있다니, 놀랍지 않니?

내가 매일 계약을 하고 있다고요?

여러분은 자신이 날마다 계약을 하고 있다는 사실을 알고 있니? 계약서에 서명한 적도 없는데 무슨 계약이냐고? 반드시 계약서가 있어야만 계약일까?

일단 마루의 하루 일과를 먼저 살펴보자꾸나.

아침에 늦잠을 잔 마루는 학교에 가기 위해 부랴부랴 책가방을 싸들고 버스 정류장으로 나갔어. 마루네 집은 학교와 멀어 오늘처럼 늦잠을 잔 날에는 버스를 타고 가야 하거든. 버스에서 내린 마루는 학교 앞 문방구에 들러 미술 시간에 쓸 찰흙을 샀어.

1교시 수학 시간이 지나고 2교시 미술 시간이 되었어. 그런데 마루의 짝꿍인 영미가 그만 찰흙을 가져오지 않았지 뭐야.

그래서 마루는 자기의 찰흙 중 한 개를 영미에게 주었어. 그러자 영미가 고맙다며 학교 끝나고 떡볶이를 사 준다고 함께 가자고 했지. 하지만 마루는 영어 학원에 가야 했기 때문에 함께 갈 수 없었어.

학원 수업을 마치고 집에 온 마루는 저녁을 먹기 전에 잠시 컴퓨터를 하려고 전원 버튼을 눌렀어. 하지만 컴퓨터가 켜지지 않았지. 서비스 센터에 전화하니 다행히 기사 아저씨가 바로 오셔서 고쳐 주었어. 엄마는 마루가 게임을 너무 많이 하는 것 같다며 걱정했지만 마루는 멋진 프로 게이머를 꿈꾸며 하루를 마감했어.

자, 마루가 오늘 하루 동안 무슨 계약을 했는지 하나씩 살펴보자. 우선 마루가 버스를 타고 학교에 간 것은 버스 회사와 마루 사이에 사람을 태워 보내거나 물건을 실어 나르는 '여객 운송 계약'이 맺어진 거야. 그리고 마루가 찰흙을 산 것은 마루와 문방구 주인 사이에 물건을 사고파는 '매매 계약'이 맺어진 것이지. 또 마루가 영미에게 찰흙을 준 것은 물건을 공짜로 주는 '증여 계약'이나 빌려 주는 '사용대차 계약'이 맺어진 거야. 이걸로 끝일까?

마루가 영어 학원에 들러 공부를 한 것은 마루의 엄마와 영어 학원 원장 선생님 사이에 교육에 대한 '교육 위임 계약'이 있었던 거야. 그리고 마지막으로 컴퓨터 서비스 센터의 기사 아저씨가 컴퓨터를 수리해 준 것은 마루와 컴퓨터 회사가 일을 해 주고 돈을 받는 '도급 계약'을 한 것이란다.

하루 동안 마루도 모르는 사이에 이처럼 많은 계약이 이루어졌다는 사실이 놀랍지 않니? 이것 말고도 우리 주위에서는 수많은 계약들이 우리도 모르는 사이에 이루어지고 있어. 일부러 계약하려고 노력한 것도 아닌데 자연스럽게 계약을 맺게 되는 경우가 아주 많지.

이제 법이 우리 가까이에서 쉴 새 없이 움직이고 있다는 말이 이해되니? 법에 대해 공부할수록 법이 조금씩 더 친근하게 다가오는 것 같지 않아?

사회생활을 하다 보면 사람들은 보통 계약할 때 계약서를 쓰곤 해. 그럼 우리도 모르는 사이에 맺고 있는 이러한 계약들은 계약서도 쓰지 않았는데 계약을 맺었다고 할 수 있을까? 계약은 약속과 같은 것이란다. 평소에 약속할 때 꼭 종이에 써서 약속을 하지는 않잖아? 이와 관련된 일화를 하나 소개해 줄게. 우리나라에 맨 처음 법이 만들어질 무렵, 본받을 만한 법 체계를 가지고 있었던 나라가 바로 독일이야. 이 이야기는 독일 법원에서 있었던 유명한 이야기 중 하나란다.

독일의 함부르크라는 도시에 살던 한 할머니는 가까운 시청 앞 공터에 자신의 차를 수십 년 동안 공짜로 세워 놓았어. 그런데 그 공터가 어느 날부터 돈을 내고 주차해야 하는 유료 주차장으로 바뀌었어. 할머니는 자신은 이 사실을 몰랐고 주차장 사용 계약을 한 것도 아니기 때문에 주차료를 내지 않아도 된다고 주장했어. 그러자 함부르크 시청에서는 직접 계약을 하지 않았어도 계약 관계가 생긴 것이므로 주차료를 내야 한다고 주장했지.

독일 연방 법원에서는 어떤 판결을 내렸을까? 법원은 함부르크 시청의 손을 들어 주었어. 유료 주차장에 차를 세워 놓은 할머니와 함부르크 시 사이에 사실상 계약이 이루어졌다고 보았기 때문이야. 우리는 아침마다 버스를 타면서 "기사 아저씨, 저는 이 버스 회사와 계약을 체결할 거예요."라고 말하며 버스를 타지는 않잖아? 이와 마찬가지로 유료 주차장에 주차하는 사람은 유료 주차 계약이라는 것을 따로 하지 않았어도 주차장을 사용하는 순간부터 계약이 맺어진 것이므로 사용료를 내야 하는 거야.

계약에는 계약서가 필요하다고 믿는 사람들도 많지만 꼭 그런 것만은 아니야. 계약에는 위의 사례처럼 형식이 필요하지 않은 경우도 많거든. 법은 참 알쏭달쏭해.

친구와 싸우는 것도 법에 걸리나요?

오늘도 학교에서 친구랑 싸운 사람? 아마 한 번도 친구랑 싸운 적 없는 사람은 드물 거야. 작은 말다툼에서 시작해 나중에는 몸싸움으로 번지는 경우도 있지. 하지만 어떤 이유든 폭력은 좋지 않은 것이란다.

어른들 중에는 가끔 이런 말을 하는 분들이 있어.

"애들끼리 싸우는 건 괜찮아. 다 싸우면서 크는 거야."

하지만 어린이라도 사람을 세게 때리거나 다치게 하면 법적으로 그냥 넘어갈 수 없어. 특히 중학생(만 14세) 이상이라면 형벌도 받을 수 있단다. 우리나라 「형법」은 '사람의 신체에 대하여 폭행을 가한 사람은 2년 이하의 징역, 500만 원 이하의 벌금, 구류 또는 과료에 처한다.'고 정하고 있어.

말이 너무 어렵다고? 쉽게 말하면 사람을 함부로 때린 경우

에는 징역을 살게 되거나 상당한 금액의 벌금을 내야 한다는 거야. 무시무시하지? 그러니까 친구를 때리는 것은 법을 어기는 거란다. 가볍게 멱살을 잡는다거나, 상대가 때리려 한다고 해서 먼저 때리는 것도 안 된다는 말이야. 학교에서도 친구들끼리 주먹을 휘두르는 경우가 종종 있지? 말다툼을 넘어 사람을 때리거나 밀치는 행위는 법으로 엄격하게 금지되어 있다는 것을 잊어선 안 돼.

친구와 싸우더라도 주먹이 오가면 그것은 소년이 저지른 폭행 사건이 되는 거야. 두 사람 모두 폭행죄를 저지른 것이지. 다행히 학교에서는 선생님들이 이러한 문제들을 미리 해결해 주시곤 해. 학생들이 싸우면 선생님이 불러 싸운 이유를 묻고 서로 갈등을 해결할 수 있도록 도와주지. 이때 서로 잘못을 인정하고 화해하면 법을 거치지 않고도 문제를 원만히 해결할 수 있어. 하지만 꼭 기억하렴. 싸움을 일삼거나 다른 친구를 때려서 심하게 다치게 하는 경우에는 「형법」이나 학교폭력 방지법에 따라 사과만으로 넘어갈 수 없다는 사실을 말이야. 다리나 이를 부러뜨리고 눈을 다치게 하는 등의 폭력은 '상해'라는 범죄이기 때문에 만 14세 이상의 나이라면 형사사건으로 재판을 받아야 해.

다시 정리해 볼까? 어린이는 싸움을 해도 어른들처럼 엄하게 처벌받지는 않아. 하지만 어떤 경우라도 법의 보호를 받을 수 있는 것은 아니야. 나이가 어리더라도 나쁜 행동에 대해서는 책임을 져야 하기 때문이지. 그러니 되도록 싸움은 하지 않는 것이 좋겠지?

나쁜 소문을 퍼뜨리고 다니는 것도 죄인가요?

요즘에는 소문을 내는 행동도 법적으로 큰 문제가 된단다. 특히 나쁜 소문 때문에 스스로 소중한 생명을 끊는 사건들을 보면 이런 문제는 절대로 그냥 넘겨서는 안 돼.

예진이와 현성이의 이야기를 먼저 들어 보자.

예진이는 현성이와 함께 종종 등교하곤 해. 같은 아파트에 사는 데다 엄마들끼리도 잘 아는 사이여서 친하게 지내기 때문이야. 그런데 어느 날부터 학교에 이상한 소문이 퍼지기 시작했어. 예진이와 현성이가 사귄다는 소문이었지. 처음에 그 이야기를 들었을 때 예진이는 헛소문이니까 별로 신경 쓰지 않았어. 그런데 점점 소문이 커지자 기분이 상했지.

화가 난 예진이가 누가 그런 소문을 내고 다니는지 알아보았어. 그랬더니 소문을 내고 다니는 것은 다름 아닌 민영이었어. 민영이는 예진이와 유치원 때부터 친구로 지내 온 사이였어. 예진이는 헛소문을 퍼뜨린 민영이를 용서해야 할까, 아니면 민영이와 싸우더라도 결백을 밝혀야 할까 고민에 빠졌어.

너희가 예진이라면 민영이가 잘못된 사실을 진실인 것처럼 사람들에게 말해 망신을 주려고 했다는 사실을 알았을 때 어떻게 하겠니?

함부로 나쁜 소문을 내면 법적으로 큰 문제가 된단다. 「형법」

을 보면, '허위의 사실을 공공연하게 퍼뜨려 다른 사람의 명예를 훼손한 사람은 5년 이하의 징역형이나 천만 원 이하의 벌금형을 받을 수 있다.'라고 되어 있거든.

예진이는 분명 현성이와 사귀는 사이가 아니야. 둘이 친하게 지내는 것이 샘이 나 민영이가 헛소문을 낸 것이지. 여기서 민영이는 명예훼손이라는 범죄를 저지른 것이란다. 그런데 민영이 입장에서는 이렇게 이야기할 수도 있어.

"난 네가 현성이와 사귄다고 말한 적 없어. 요새 둘이 가깝게 지낸다고 했을 뿐이야.

그리고 나는 네 명예를 훼손할 의도가 전혀 없었어."

어때? 민영이의 변명을 들으니 참 애매하지? 하지만 민영이의 행동이 의도된 것이 아니라고 해도 자신이 그러한 소문을 내면 예진이가 곤란해질 것은 충분히 예상할 수 있었을 거야. 그러니 민영이의 행동은 분명히 잘못된 것이지.

이쯤 되면, 민영이는 처벌을 받을까 봐 겁이 나 울상이 될 거야. 여러분도 잘 알겠지만 법은 한 사람만 편들지 않아. 민영이와 예진이 모두의 이야기를 듣고 원만하게 일을 해결하도록 할 거야.

민영이는 어쩌면 샘이 나서 헛소문을 내기는 했지만 예진이가 이렇게까지 마음고생을 할 줄은 예상하지 못했는지도 몰라. 하지만 예진이는 그냥 넘어가기에는 화가 나고 억울한 마음이 쉽게 사그라들지 않을 거야. 민영이가 예진이에게 잘못을 사과하고 아이들에게 헛소문이었다고 말한다면 문제가 해결되지 않을까? 그리고 예진이도 민영이에게 소홀했던 점을 인정하고 관계를 회복하기 위해 노력한다면 현성이, 예진이, 민영이 모두 어울려 잘 지낼 수 있을 거야.

좀 더 추가로 설명하자면 「형법」에는 '명예훼손죄'와 '모욕죄'가 있어. 명예훼손과 모욕은 언뜻 듣기에 비슷한 것 같아. 하지만 명예훼손과 모욕은 특정한 내용을 담아 이야기하는 것이냐 아니면 감정적인 모독이냐에 따라 차이가 있어. 거리낌 없이 다른 사람의 사회적 평가를 떨어뜨리는 사실이나 허위 사실을 지적하는 일은 명예훼손이지만 감정이 상해서 내뱉는 욕은 모욕이라고 보면 돼. 물론 법에서는 둘 다 엄격하게 금지하고 있단다.

명예훼손죄나 모욕죄는 둘 다 '공연히' 말하는 경우에 죄가 되는데, 여기서 공연히 말한다는 것은 남들과 함께 있는 자리에서 대놓고 말하는 것을 의미해. 즉 혼자 이야기하거나 상대방하고만 말다툼을 하는 경우는 해당되지 않아. 다른 사람들이 듣고 있는 상황에서 악의적인 말을 하는 경우에만 처벌을 받는 것이지. 하지만 「형법」은 피해자가 특별히 처벌을 원하지 않고 서로 화해하면 법을 내리지 않도록 하고 있어.

이제 말다툼을 하는 때라도 많은 사람들이 있는 곳에서 심한 말을 하면 명예훼손죄나 모욕죄에 해당된다는 점을 잘 알았겠지? 주변에 그런 사람이 있다면 이러한 사실을 꼭 알려 주렴. 그리고 이런 일이 생기면 잘못을 인정하고 꼭 사과해서 화해해야 한다는 점도 기억해야 해.

초등학생도 잘못을 하면 감옥에 가나요?

감옥이라니! 말만 들어도 무섭지 않니? 감옥은 정확한 용어로 '교도소'라고 해. 감옥에 갔다는 말은 징역형을 살았다는 뜻이야. 감옥에서 세월을 보내는 것은, 자신은 물론이고 사회에도 전혀 도움이 되지 않는 일이야.

최근에 아파트 옥상에서 떨어진 벽돌에 맞아 어떤 아주머니가 목숨을 잃은 안타까운 일이 있었어. 돌을 던진 범인은 바로 초등학생 학생들이었지. 그 학생들은 바로 형사재판(형벌)을 받지는 않았지만, 소년범이 되어 가정법원에서 보호조치를 받거나 소년원에 송치되는 등의 엄중한 처분을 받을 수도 있겠지.

그렇다면 몇 세 이상부터 감옥에 갈까? 우리나라에서는 일정한 나이가 되지 않은 한, 아무리 큰 범죄를 저질러도 범죄의 책임을 묻지 않아. 그것을 '형사 미성년자'라고 하는데 만 13세까지가 여기에 해당돼. 다시 말하면 중학교 2학년 정도부터는 자신의 행동에 대해 책임을 져야 하고, 죄가 크면 교도소에서 징역을 살아야 한다는 뜻이야. 만 13세까지는 죄를 지어도 형사재판을 받지 않아. 하지만 만 14세 이상이 되면 그때부터는 형사재판을 받고 범죄의 기록이 남을 수 있지.

어른이 되지 않은 사람을 '소년'이라고 해. 정확히 말하면 만 19세 미만의 사람을 가리키지. 「소년법」은 범죄를 저지른 소년에게 적용하는 특별한 법이야. 소년을 어른과 구분해 처벌을 달리하기 위해 만든 법이지.

「소년법」을 보면 범죄를 저지른 10세 이상 14세 미만의 소년은 '촉법소년', 범죄를 할 가능성이 있는 10세 이상 19세 미만의 소년은 '우범소년'으로 나누고 있어. 그러니까 만 10세가 넘어서 잘못을 하게 되면 「소년법」에 따라 보호처분을 받을 수 있는 거야. 보호처분이란 범죄를 저지른 소년을 감독하거나 보호하는 것을 말해. 집에서 부모님께 훈계를 받는 것부터 병원에 입원해 치료를 받거나 소년원에 가는 것 모두를 포함하지. 범죄를 저지른 소년은 그 잘못에 대해 늘 감시를 받으며 훈화교육을 받아야만 해. 나이가 어리기 때문에 재판을 받거나 징역을 살지 않더라도 범죄를 저지른 행위를 무조건 용서해 줄 수는 없기 때문이야.

만 14세 이상의 소년이 큰 죄를 지으면 어쩔 수 없이 소년교도소에서 징역을 살아야 해. 더 이상 소년으로 보호해 주지 않는다는 뜻이지. 천안시와 김천시에 있는 소년교도소에는 3년, 5년, 10년씩 징역을 받은 소년들이 있어. 실제로 10대에 소년교도소에 들어가 30대, 40대가 되어서야 교도소에서 나온 사람도 있지. 한 번의 잘못으로 인해 평생 고통을 겪을 수도 있다는 얘기야.

혹시 여러분 주변에도 나쁜 길로 빠지려는 친구들이 있니? 그 친구들은 원래부터 나쁜 아이들이기 때문에 범죄자가 될 수밖에 없을까?

범죄에 대한 오랜 연구를 다룬 책을 보면, 옛날 사람들은 범죄자의 성향이 유전적으로 타고나는 것이라고 생각했어. 하지만 오늘날에는 그렇지 않아. 범죄자는 유전적 요인과 가정 등의 환경적 요인, 사회적 요인 등에 복합적으로 영향을 받는다고들 생각하지.

지금 범죄자라고 해서 처음부터 범죄자로 태어난 것은 아니야. 다만 작은 잘못에 둔감해지고 아무도 그것을 말리지 않으면 점차 정말로 나쁜 사람이 되는 것이지. 무심코 저지른 작은 잘못이라도 바로 고치지 않으면 법이라는 사회의 울타리를 넘는 범죄로 발전할 수 있어. 그러니까 범죄자가 되느냐 아니냐는 결국 가정 환경과 사회 환경이 큰 영향을 주는 것이란다.

한 번 감옥에 다녀온 사람은 사회에 적응하기가 쉽지 않고, 다시 범죄를 저지르는 경우가 많다고 해. 그러니까 여러분은 자기 자신은 물론, 주위의 친구들도 반복해서 잘못을 저지르지 않도록 잘 살피고 잘못을 일깨워 주렴.

선생님이 학생을 때려도 되나요?

얼마 전에 학생의 뺨을 때린 선생님이 학교에서 쫓겨났다고 해. 학생을 마구 때리는 장면이 휴대 전화에 고스란히 찍혀 세상에 알려졌거든. 이 사건은 선생님이 어느 정도까지 학생을 체벌할 수 있는지 우리 사회에 물음을 던졌어.

이 문제는 신중하게 접근해야 해. 보통 선생님이나 부모님은 여러분이 잘되기 바라는 마음에서 체벌하기 때문이야. 앞에서 부모님의 체벌은 교육으로 받아들여야 한다고 했던 것 기억나지? 그러면 선생님의 체벌은 어떨까?

「초·중등 교육법」에 따르면 선생님은 교사로서 당연히 학생의 잘못을 나무라고 주의를 줄 수 있어. 여기서 문제가 되는 것은 신체적으로 너무 심하게 혼을 내는 경우야.

이런 경우 적절한 지도나 징계였는지 판단하기가 쉽지 않아.

선생님마다 체벌로써 어디를 얼마만큼 때리느냐에 대한 기준이 다르기 때문이야. 학생들의 교육에 도움이 된다면 어느 정도까지는 폭력을 사용해도 되는 것일까? 하지만 「형법」에서는 분명 사람을 때리는 것을 폭행죄로 규정하기 때문에 교육적 차원이었다고 해도 처벌을 받을 수 있어.

자, 이쯤 되면 혼란이 생기지 않니? 법률대로라면 수많은 선생님이 폭행죄를 저지른 것이 되기 때문이야. 하지만 우리나라 「형법」에는 '정당행위'라고 해서 사회적으로나 법률적으로 정당한 행동은 처벌하지 않는다는 조항이 있어. 앞에서 말한 「초·중등 교육법」을 생각하면 경우에 따라 선생님이 학생들을 매로 가르치는 것은 죄가 되지 않아.

이런 복잡한 문제 때문인지 요즘에는 서울시, 경기도, 광주광역시 등의 교육청에서 체벌 금지에 관한 내용을 조례로 만들어 시행하고 있어. 이에 따라 우리나라에서는 체벌이 금지된 곳이 많아진 상태란다. 앞으로 법률까지 개정되어 체벌이 전면 금지된다면 체벌과 관련된 사건은 많이 줄어들겠지?

이와 같은 노력에도 불구하고 여전히 체벌과 관련된 문제가 발생하곤 해. 여기서 분명한 것은 선생님이 학생을 심하게 때려

뼈가 부러지거나 몸에 심한 멍이 든다면 이것은 교육을 위한 행동으로 보기 어렵다는 거야. 아무리 올바로 가르치려는 생각으로 훈육했다 해도 아이가 다쳐서 학교 생활을 하기 힘든 지경에 이르렀다면 이것은 교육이라고 할 수 없을 테니까 말이야. 최근에는 「아동학대범죄의 처벌 등에 관한 특례법」과 「학교폭력예방 및 대책에 관한 법률」이 생겨나 선생님이라 해도 학대에 가까운 폭력을 휘두르면 법에 따라 정식으로 사건에 회부될 수 있게 되었어. 제재가 엄격해진 것이지.

다만 우리가 기억할 것은 가끔 문제가 되는 경우도 있지만 대부분의 선생님들은 여러분을 사랑으로 교육하는 훌륭한 분들이라는 사실이야. 혹시 장래희망으로 선생님을 꿈꾸고 있니? 어떤 선생님이 되고 싶니? 학생들을 사랑으로 이해하고 올바른 가르침을 주는 좋은 스승이 되기를 응원할게!

포장을 뜯은 홈쇼핑 물건도 반품할 수 있나요?

요즘은 TV나 인터넷, 모바일 기기 등으로 흔히 물건을 사곤 해. 이러한 형태로 거래하는 것을 법률적으로 '통신 판매'나 '전자상거래'라고 해. 요즘 통신 판매나 전자상거래가 늘면서 이와 관련해 다양한 문제가 발생하고 있어.

엄마와 홈쇼핑 채널을 보고 있던 보현이는 설치 방법이 쉽고 모양도 예쁜 공주 모기장을 보고 한눈에 반했어. 보현이와 엄마는 공주 모기장만 있으면 레이스가 달린 베일 속에서 모기 걱정 없이 포근히 잘 수 있을 것이란 생각에 바로 모기장을 구입했어.

며칠 뒤 택배가 도착했고, 엄마는 기쁜 마음으로 포장을 풀어 보현이 방에 모기장을 설치하기 시작했어. 그런데 문제가 생겼어. 광고에서는 분명 테이프로 쉽게 천장에 붙일 수 있다고 했는데, 실제로 설치해 보니 천장에 못을 박아야만 설치할 수 있는 제품이었기 때문이야. 망치질이 익숙하지 않은 엄마는 혼자서 모기장을 설치할 수가 없었어. 게다가 모기장의 길이가 너무 짧아 보현이의 침대를 모두 감싸기에도 부족했지. 보현이와 엄마는 고민에 빠졌어. 그냥 쓸 수도 없고, 포장을 모두 뜯었으니 반품하기도 쉽지 않을 것 같았거든.

이처럼 통신 판매나 전자상거래를 통해 물건을 샀는데 마음에 들지 않아 반품해야 하는 경우가 있어. 이런 경우 복잡한 반품 과정이 걱정될 거야.

TV나 인터넷, 모바일 기기를 이용한 쇼핑은 직접 매장에 가지 않고도 편한 곳에서 물건을 골라 사면 배달까지 해 주니 참 편해. 게다가 이리저리 한참 고민해도 누구의 눈치를 볼 필요가 없고, 시간도 절약되지. 하지만 그런 편리함에 문제가 숨어 있어. 전자상거래로 물건을 사면 물건을 직접 보고 비교하면서 살 때보다 잘못된 선택을 하는 경우가 많거든. 직접 만져 보고 시험해 보면서 물건의 성능과 상태를 살펴야 하는데, TV나 컴퓨터 등을 통해서는 그럴 수가 없잖아.

게다가 허위, 과장 광고도 큰 문제야. 제품의 성능을 과장하

는 것은 물론, 거짓말을 넣는 경우도 종종 있기 때문이야. 이렇게 되면 광고만 믿고 물건을 사는 사람이 큰 피해를 볼 수 있어.

보현이가 구입한 공주 모기장은 어떻게 해야 할까? 과연 반품할 수 있을까? 엄마와 보현이가 물건의 포장을 뜯어 사용하려 했던 것은 사실이야. 하지만 실제로 사용할 수는 없었지. '스티커를 이용해 천장에 쉽게 설치할 수 있다'고 했던 제품 광고와 달리 사실은 천장에 못을 박아야 했거든. 게다가 길이도 짧아 제대로 쓸 수도 없었지.

다행히 「전자상거래 등에서의 소비자보호에 관한 법률」에서는 '청약의 철회(반품)'를 보장하고 있어. 포장을 뜯고 사용한

흔적이 있다고 해도 제품이 망가지지 않았고, 판매자의 거짓 광고에 속아 소비자가 물건을 선택한 것이었다면 계약을 철회하고 반품할 수 있지. 설치가 쉽다거나 길이가 넉넉하다는 식으로 광고한 책임은 판매 업체에 있기 때문이야.

다만, 여기서 주의해야 할 점이 하나 있어. 반품은 언제든지 할 수 있는 것이 아니라는 사실이지. 이것을 '청약 철회의 기한'이라고 하는데, 쉽게 말하면 반품 기간이야. 물건을 샀는데 마음에 들지 않거나 문제가 있는 경우에는 반품을 할 수 있지만, 보통은 물건을 받고 7일 이내에 해야 해.

이처럼 소비자는 여러 가지 권리를 가지고 있어. 소비자가 돈을 주고 산 물건과 그 서비스에 문제가 있어서는 안 돼. 이와 관련해 우리나라에는 「소비자기본법」이 마련되어 있고, 통신 판매, 방문 판매, 다단계 판매, 전자상거래 등을 하는 사람들을 보호하기 위해 따로 법률이 마련되어 있어. 1960년대 미국의 케네디 대통령 때 '소비자 주권'이라는 말이 생겨난 이후 소비자를 보호하는 여러 제도가 마련되고 있어. 이러한 법과 제도는 억울한 소비자가 생기지 않도록 도와주는 역할을 한단다.

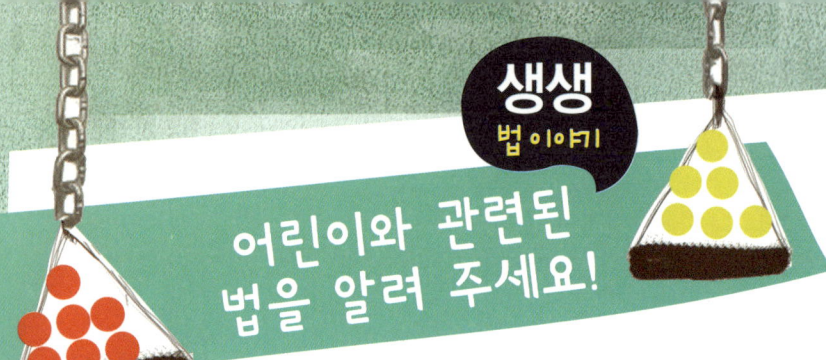

생생 법이야기
어린이와 관련된 법을 알려 주세요!

어린이도 우리 사회의 구성원이니까 우리나라의 거의 모든 법이 어린이와 관련이 있다고 볼 수 있어. 일단 「헌법」 제31조에서는 "① 모든 국민은 능력에 따라 균등하게 교육을 받을 권리를 가진다. ② 모든 국민은 그 보호하는 자녀에게 적어도 초등교육과 법률이 정하는 교육을 받게 할 의무를 진다. ③ 의무교육은 무상으로 한다."라고 밝히고 있어. 이에 「초·중등교육법」이 정하는 대로 여러분은 초등학교와 중학교 교육을 모두 무상으로 받고 있지. 미래의 기둥을 위해 「헌법」과 법률이 후원을 다하고 있는 셈이야.

어린이와 관련된 법률은 '어린이를 특별히 보호하는 법률'과 '어린이에게 특별한 지원을 하는 법률'로 나눌 수 있어. 아래의 사례를 보면서 자세히 살펴보자.

> 학교 친구들이 보기에 지만이는 좀 약하고 우울했어. 종종 아프다는 핑계로 결석했거든. 얼마 전에는 온몸에 멍이 들어 학교에 와서, 선생님과 따로 면담도 했었지. 지만이는 나중에야 경제 사정이 어려워진 부모님이 지만이를 제대로 챙겨 주지 않고 종종 때렸다고 조심스럽게 이야기를 꺼냈어. 선생님은 즉각 아동보호전문기관과 경찰 등에 신고했어. 그로 인해 지만이의 부모님은 조사를 받았고, 결국 지만이를 돌보지 않고 종종 학대했음을 시인했지. 지만이는 다행히 더 큰 위험

에 빠지기 전에 발견되어 한동안 할아버지 집에서 보호를 받아야 했어. 지만이의 부모님은 형사재판까지 가지는 않았지만, 지만이와 떨어져 보호기관의 상담 교육을 받게 되었지.

최근에 사회적으로 지만이의 사례와 같은 아동 학대 문제가 크게 이슈가 되고 있어. 아동 학대 문제를 해결하기 위해 우리나라에는 「아동복지법」과 「아동학대범죄의 처벌 등에 관한 특례법(아동학대방지법)」이 마련되어 있어. 지만이도 이들 법에 따라 특별한 보호를 받을 수 있었지. 다음의 사례도 한번 살펴보자.

몸이 불편해 거동이 어려운 영욱이는 학교에 오갈 때 사회단체에서 차로 데려다줘. 학교에서는 엘리베이터를 자유롭게 쓸 수 있게 해 주는 한편, 교실 출입구 쪽에 공간을 마련해 주고 특별히 제작된 책상을 쓰도록 배려해 주었어. 최근에는 가정 형편이 조금 어려워져서 곤란을 겪었는데, 교육청에서 학용품 같은 물품과 간식비를 지원해 주었어.

영욱이는 「장애아동복지지원법」과 「아동의 빈곤예방 및 지원 등에 관한 법률」 덕분에 특별한 지원을 받을 수 있었어. 우리나라에서는 영욱이처럼 여러 가지 사정으로 어려운 상황에 놓이는 아동을 지원하기 위해 법을 마련하고 다방면으로 노력하고 있어.

이처럼 여러분 주위에서는 여러분도 모르게 어린이를 보호하거나 지원하는 법률들이 활동하고 있어. 왜 이렇게 하느냐고? 어린이는 우리 사회의 희망이고 빛이니까 모두가 나서서 특별히 아끼고 보살피는 것이란다.

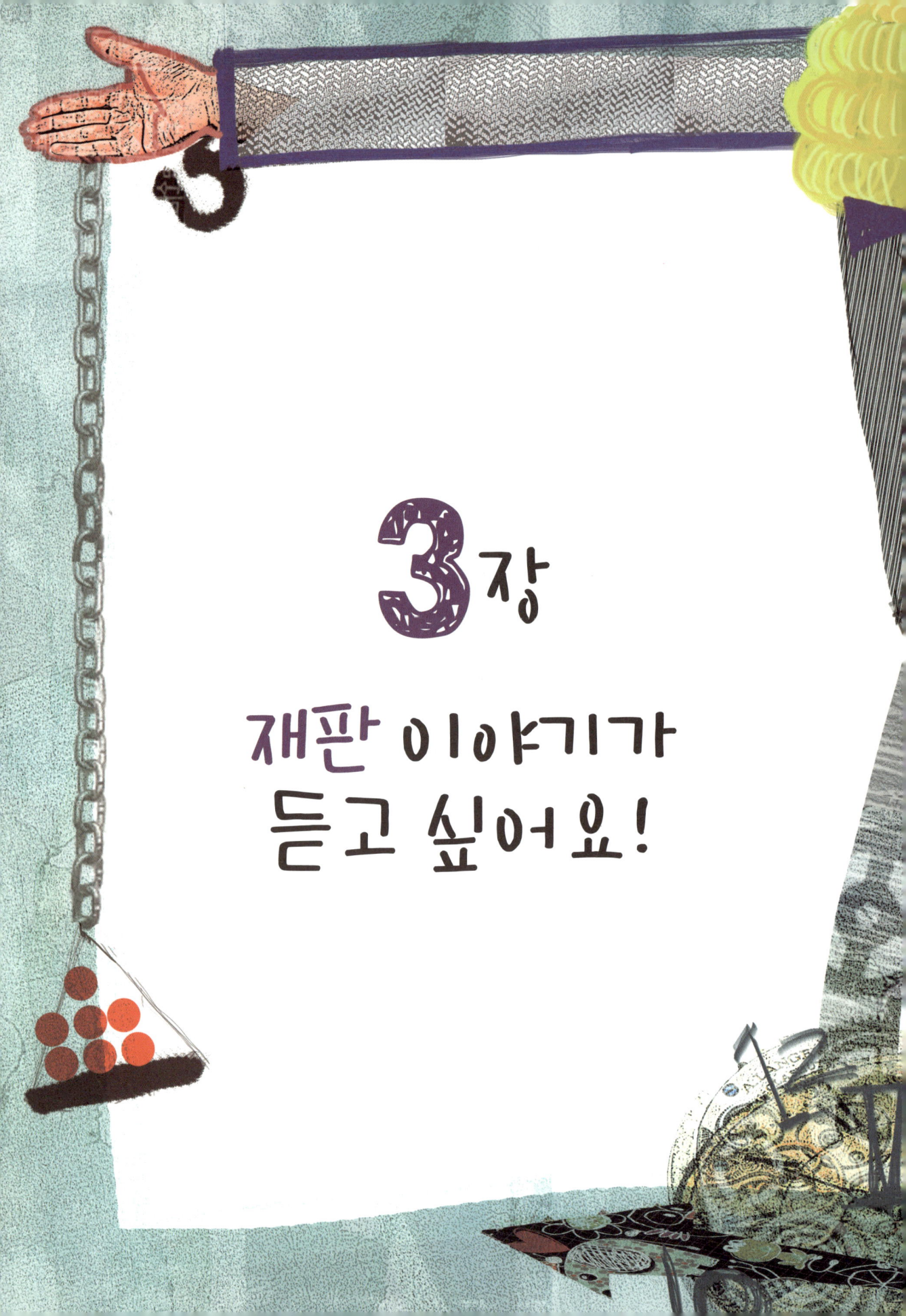

3장

재판 이야기가 듣고 싶어요!

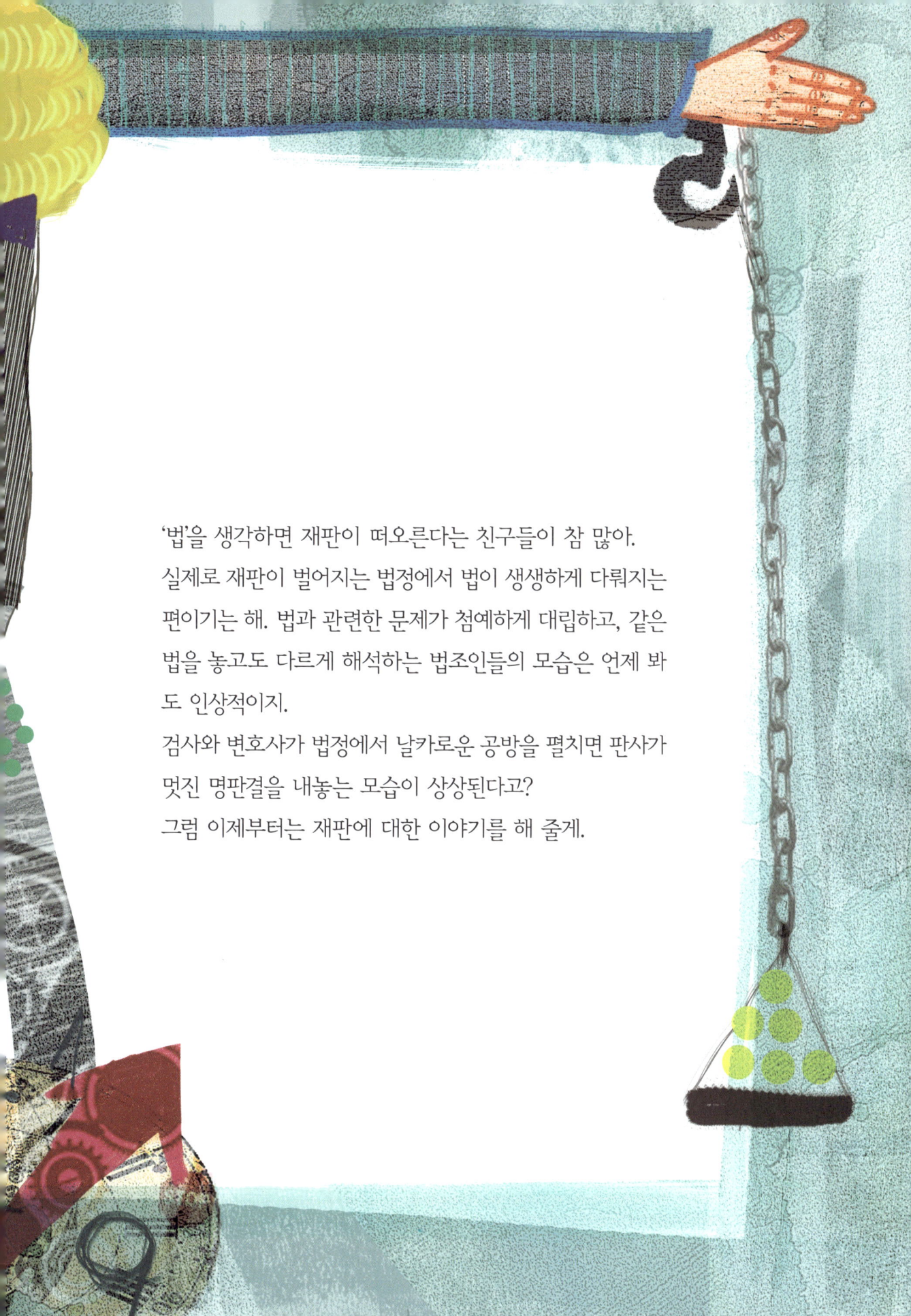

'법'을 생각하면 재판이 떠오른다는 친구들이 참 많아. 실제로 재판이 벌어지는 법정에서 법이 생생하게 다뤄지는 편이기는 해. 법과 관련한 문제가 첨예하게 대립하고, 같은 법을 놓고도 다르게 해석하는 법조인들의 모습은 언제 봐도 인상적이지.

검사와 변호사가 법정에서 날카로운 공방을 펼치면 판사가 멋진 명판결을 내놓는 모습이 상상된다고?

그럼 이제부터는 재판에 대한 이야기를 해 줄게.

재판은 어떻게 하는 거예요?

재판은 법정에서 펼쳐지는 경우가 대부분이야. 드라마나 영화에 종종 등장하는 장소이기도 하지. 재판은 형사재판과 민사재판으로 나눌 수 있어. 경우에 따라 구성원과 법정의 구조가 달라지기도 한단다.

영국의 유명한 극작가인 셰익스피어(William Shakespeare, 1564~1616)는 다양한 소재를 가지고 연극을 만들어 사람들을 즐겁게 했어. 그중에서도 법정에 관한 연극이 큰 인기를 끌었는데 바로 《베니스의 상인》이라는 연극이란다.

《베니스의 상인》은 이탈리아 베니스의 상인 안토니오와 유대인 고리대금업자 샤일록 사이의 계약과 그로 인해 벌어지는 재판을 다룬 연극이야. 안토니오는 친구의 부탁으로 샤일록에게 돈을 빌리면서 만약에 자신이 돈을 갚지 못하면 몸의 살을 베어 주겠다고 계약했어. 살을 베어 주겠다니 참으로 끔찍하지? 그런데 안토니오는 약속한 날에 돈을 갚지 못했고, 샤일록은 기다렸다는 듯이 재판을 걸어 자신의 권리를 주장했어. 사람들은 당연히 권리를 가진 샤일록이 재판에서 이길 거라고 생각했어. 그런데 결과는 예상 밖이었어.

판사가 "안토니오는 샤일록에게 살을 베어 주되 한 방울의 피도 흘려서는 안 된다."라고 판결을 내린 거야. 피를 흘리지 않고 몸에서 살을 베어 낼 수 있을까? 샤일록이 항의했지만 판사는 "계약서에는 살만 주도록 되어 있지, 피를 흘리면서까지 주게 되어 있지는 않소. 피를 흘리지 말고 살만 가져가시오."라고 말하며 샤일록을 비난했지. 결국 재판은 돈을 빌린 안토니오의 승리로 끝이 난단다.

이 연극을 보고 있자면, 셰익스피어는 법정의 세계를 참 멋있고도 아름답게 바라보았던 것 같아. 탐욕스럽고 악랄한 사람에게 생명의 존귀함을 깨닫게 하는 판사의 정의로운 판결은 언제 보아도 인상적이야.

연극에서 샤일록과 안토니오가 벌인 재판은 민사재판이야. 권리의 옳고 그름을 판단하는 재판이지. 민사재판은 권리를 주장하고 의무를 요구하는 방식이 대부분이야.

샤일록처럼 재판을 제기한 사람은 원고, 안토니오처럼 소송을 당한 사람은 피고라고 해. 원고와 피고에게는 법정에서 도움을 줄 수 있는 변호사도 있어. 변호사들은 법정에서 원고나 피고의 소송대리인이 되어 공방을 벌이게 되지.

한편 프랑스의 유명한 소설가인 빅토르 위고(Victor Marie Hugo, 1802~1885)의 소설에서도 재판의 모습을 살펴볼 수 있어. 여러분도 잘 알고 있는 '장발장 이야기'가 바로 위고의 《레 미제라블》이라는 소설이란다.

가난한 노동자인 장발장은 누이동생과 일곱 명의 조카를 키우며 살았어. 어느날 배고픔에 허덕이는 조카들을 그냥 볼 수 없었던 장발장은 빵집에서 빵 한 조각을 훔치고 말았어. 경찰에 끌려간 장발장은 배가 고파 그랬다고 호소했지만 결국 형사 재판에 넘겨졌어. 프랑스 법원은 장발장에게 3년 형을 선고했고, 장발장은 감옥에 가게 되었어. 그러나 탈옥을 시도하는 바람에 장발장은 19년 동안이나 감옥 생활을 해야 했지. 여기까지가 소설 속의 이야기야.

만약 장발장에게 변호사가 있었다면 어땠을까? 장발장의 변호사는 장발장이 빵을 훔친 것은 배고픔 때문에 어쩔 수

빅토르 위고

없이 저지른 일이므로 정당한 행위였다고 주장할 거야. 그러면 검사는 자신의 배고픔을 이유로 다른 사람에게 재산적인 피해를 주었으므로 장발장에게 절도죄를 적용해야 한다고 주장하겠지.

형사재판은 이처럼 검사와 피고인의 공방으로 이루어진단다. 피고인은 법률 전문가가 아니기 때문에 아무래도 도움이 필요해. 이때 변호사가 변호인(형사사건에서 피고인을 도와 변호를 해 주는 사람)으로서 도움을 주지. 법률적인 주장과 증인 신문, 증거 제출과 같은 절차를 마치면 판사는 피고인에게 유죄 혹은 무죄를 선고하고, 만약 유죄라면 그에 걸맞는 형벌을 내릴 거야.

형사재판은 한 사람의 운명을 바꿀 수도 있기 때문에 진실을 밝혀내기까지 엄격하고 신중하게 진행되어야 해. 추측으로 범인을 가리고 형벌을 내리면 억울하게 옥살이하는 사람이 생길 수도 있기 때문이야. 그래서 형사재판에서는 여러 절차를 두고 피고인에게 충분히 말할 기회를 줄 뿐 아니라, 증거에 따라 죄를 판단해. 이것을 '증거재판주의'라고 해. 단순한 추정이나 검사의 주장만으로는 유죄를 선고할 수 없고, 피고인의 자백 이외에도 유죄를 입증할 수 있는 객관적인 증거가 있어야만 하는 거야. 여기서 증거로 인정받을 수 있는 것은 사람이 하는 증언과 물건에 나타난 증거물 등이지.

민사재판이든 형사재판이든 재판의 결과에 불복하면 두 번까지는 항소 또는 상고할 수 있어. 이것은 우리 「헌법」과 「민사소송법」, 「형사소송법」에서 보장하고 있는 상소의 권리지. 이제 영화나 드라마 등에서 재판 장면이 나오면 민사재판인지, 형사재판인지 구분할 수 있겠니?

재판을 하는 곳은 어떻게 생겼나요?

법의 힘이 가장 잘 드러나는 공간이 바로 법정이야. 법정은 재판을 하는 곳으로써 다양한 사람들이 이곳에서 활동한단다. 우리가 잘 알고 있는 판사, 검사, 변호사 외에도 많은 사람들이 법정에서 일하고 있지.

법정의 제일 안쪽에 있는 곳을 '법대'라고 해. 이 연단같이 높은 곳에는 판사가 자리를 잡아. 사건의 중요성에 따라 판사는 한 명이 나올 수도 있지만 세 명이 함께 나올 수도 있지.

먼저 민사재판의 법정을 살펴보자면, 판사를 바라볼 때 정면에서 왼쪽이 원고의 자리야. 원고는 소송을 제기한 사람으로, 원고 혼자 나오는 경우도 있지만 대부분은 소송대리인인 변호사와 함께 나오지.

오른쪽은 피고의 자리야. 피고는 단지 소송을 당한 사람이고 꼭 잘못이 있다고 보기는 어려워. 형사재판에서 죄를 추궁당하는 피고인과는 전혀 다르지. 흔히 원고는 떳떳한 사람이고 피고는 나쁜 사람으로 오해하는 경우가 많은데, 원고와 피고는 누가 먼저 재판을 해 달라고 법원에 이야기했느냐에 따라 달라지는 것일 뿐, 누가 옳은가를 구분하는 기준은 아니야. 원고가 재판에서 지면 피고의 주장이 더 옳다고 볼 수 있기 때문이지. 원고 측과 피고 측이 각자의 주장을 하고 나면 판사가 판결을 내려.

민사법정의 모습

배심원

검사

이제 형사재판의 법정을 살펴볼까? 법대는 그대로지만 등장하는 사람이 달라. 판사를 바라보고 왼쪽이 검사의 자리야. 정의를 위해 범죄자를 재판에 나오게 하는 사람이지.

그리고 검사의 맞은편에 있는 사람이 변호인으로 선임된 변호사란다. 그 옆에 앉은 사람은 죄가 있다고 의심받는 피고인이지.

먼저 검사가 피고인의 죄를 설명하면 피고인과 변호사는 죄가 없음을 밝히거나 죄를 지을 수밖에 없었던 사정을 설명해야 해. 이러한 과정에서 증인도 나오고 검사와 변호사가 법률적인 논쟁을 벌이게 되지. 그리고 여러 차례 재판을 거치는 동안 판사는 검사와 변호사의 주장을 종합해서 듣고 마지막에 법률적으로 무죄 혹은 유죄라는 판단을 내린단다.

직접 재판에 참여하지 않아도 재판 과정을 지켜볼 수 있다는 사실을 알고 있니? 법정에서 재판을 지켜보는 사람들을 방청객이라고 해. 우리나라 법정에는 대법정의 경우 50명 이상, 일반 법정은 20~30명 정도가 앉을 수 있는 방청석이 마련되어 있어. 우리나라는 '공개재판주의'에 따라 재판의 공정성을 얻기 위해 일반인들에게도 재판을 공개하고 있어. 재판을 실제로 보고 싶다면 언제든 법원에 가서 재판에 참석해 방청할 수 있어.

한편 법대 아래에서 열심히 재판을 기록하는 사람들이 있어.

바로 법원 공무원들이야. '참여사무관'은 '조서'라는 문서를 기록하는 일을 하는데, 재판 과정 중 법정에서 일어나는 많은 일들을 기록해. 또 법정에는 증인이 하는 말을 빠르게 받아 적는 '속기사'나 법정 '경위'들도 있어. 법정에는 범죄자가 나오는 경우도 있고, 법정에서 원고와 피고가 심하게 싸우거나 방청객이 떠들고 피고인이 난동을 피우는 경우도 있거든. 이럴 때 상황을 진정시키기 위해 경위들이 있는 것이란다.

법정의 모습과 법정에서 일하는 사람들에 대한 설명을 듣고 나니 어때? 재판이 어떻게 열리는지 머릿속에 훤히 그려지는 것 같지 않니?

변호사와 검사는 무엇이 다른가요?

검사와 변호사가 범죄자를 가운데 두고 유죄냐 무죄냐를 밝히는 모습은 언제 봐도 흥미진진해. 법률적인 논리로 서로를 공격하고 방어하면서 치열하게 다투곤 하는 검사와 변호사는 무슨 차이가 있을까?

앞에서도 말했지만 검사는 사람들이 범죄 없는 세상에서 살 수 있도록 피고인의 죄를 밝히고 법원에 형사재판을 청구하는 일을 해.

원래는 검사와 피고인이 서로 맞서 자신이 옳다는 주장을 해야 하지만 피고인이 법률 전문가가 아닌 이상, 검사를 상대하기는 힘들 거야.

그래서 법적으로 피고인의 입장을 대신 말해 줄 변호인이 필요하지. 변호사는 변호인으로서 피고인에게 억울한 점이 없는지 살피고, 죄가 없다면 적극적으로 판사에게 피고인의 무죄를 주장해. 그러니까 검사와 변호사는 각각 보호하는 사람이 다른 것이지.

 변호사와 검사는 서로 반대의 입장에 서 있지만, 사실은 같은 직업이나 마찬가지야. 변호사와 검사 모두 판사나 검사, 변호사가 되려는 사람의 자격과 능력을 확인하는 변호사 시험에 합격해야 하거든. 로스쿨을 졸업하고 변호사 자격을 취득하면 판사나 검사가 될 수 있어. 그러므로 검사도 변호사의 자격을 가지고 있는 거야. 변호사 대신 공무원이 되는 길을 택한 것뿐이지. 결국 검사와 변호사는 각자 자신의 분야에서 전문성을 기르는 사람이라는 점에서 공통점이 있다고 볼 수 있어.

 흔히들 검사와 변호사가 법정에서 재판만 하는 줄 알

지만, 사실 이와 같은 일은 검사와 변호사가 하는 많은 일 가운데 일부에 지나지 않아. 우선 검사는 범인을 찾고 증거를 수집하는 '수사'를 주로 해. 이 세상에서 무서운 범죄가 없어지면 좋겠지? 그러려면 검사와 경찰이 범죄자를 모두 잡아들여 범죄 때문에 불안해하는 사람이 없도록 해야 해. 그래서 검사는 형사재판에 나오는 시간보다 더 많은 시간을 범죄 사건을 조사하고 범인을 찾아 증거를 수집하는 데 쏟고 있단다. 정의를 위해 활동하는 검사들의 보이지 않는 노고를 많은 사람들이 알아야 할 거야.

반면에 변호사는 형사재판뿐 아니라 민사소송, 행정소송, 가사소송, 헌법소송 등 다양한 재판에서 활동해. 법률 사건에 관한 상담을 하거나 자문도 하지. 그만큼 다양한 분야의 사건을 의뢰받기 때문에 변호사는 여러 방면으로 공부를 계속해야 한단다.

간단하게 정리하자면 검사가 사명감과 정의감으로 범죄를 소탕하는 일을 한다면 변호사는 다양한 분야의 법을 공부해 법을 잘 모르는 사람들을 돕는 일을 하는 거야.

판사는 무슨 일을 하나요?

「헌법」과 여러 법률에서는 판사를 '법관'이라고 표현해. '법을 판단하는 관리'로서 엄연한 공무원임을 나타내는 말이지. 판사에게 가장 중요한 덕목은 무엇일까? 바로 어느 쪽으로도 치우치지 않는 공정함이야.

판사는 형사재판과 민사재판뿐 아니라 행정소송, 가사소송 등 여러 재판에서 판결을 내리는 일을 해. 이렇게 다양한 사건의 재판에서 바른 판단을 하려면 많은 지혜와 경험이 있어야 하겠지? 그래서 판사들은 공부를 많이 한단다. 이미 재판이 있었던 사건의 판결 결과인 '판례'와 전문적으로 법을 다루는 책인 '법서'를 열심히 읽고 연구하지.

재판에서 판사는 가장 중요한 역할을 해. 검사와 변호사의 주장을 잘 듣고 재판이 제대로 진행되도록 하는 감독

인 셈이지. 공정하게 재판을 진행하면서 진실을 밝히거나 명확한 판단을 내리기 위해 주장에 대한 증거를 요구하거나 더 구체적인 설명을 하라고 명령을 내리는 것도 판사의 권한이야. 판사는 법정에서 공정함을 유지해야 하기 때문에 말과 행동을 신중하게 해야 한단다.

우리나라에는 대법관, 고등법원판사, 특허법원판사, 지방법원판사, 가정법원판사, 행정법원판사 등이 있어. 이 외에도 국방부의 고등군사법원과 보통군사법원에서 일하는 군판사도 판사의 역할을 수행하기도 하지.

판사가 되려면 어떻게 해야 할까? 과거에는 사법시험에 합격해 사법연수원에서 연수를 마치면 바로 판사가 될 수 있었는데 요즘은 '법조일원화' 원칙에 따라 변호사로 활동한 후에야 법관, 즉 판사로 임용될 수 있어. 참고로, 미국이나 영국의 경우에도 변호사로서 풍부한 경력을 쌓아야 판사가 될 수 있다고 해. 아무리 능력이 뛰어난 사람이라도 나이가 어느 정도 있어야 판사가 될 수 있지. 왜 그럴까?

아마도 미국에서는 풍부한 사회적 경험을 통해 사회를 깊이 이해할 수 있다고 여기는 것 같아. 또한 변호사로서 전문성이 충분히 쌓여야 판사를 맡을 수 있다고 생각하는 것이지. 앞으로 우리나라에서도 흰머리가 희끗희끗한 중년의 판사가 엄중한 판결을 내리면 범죄자들도 저절로 고개를 숙이고 반성하게 되지 않을까?

우리나라에는 배심원 재판이 없나요?

많은 사람들이 궁금해하는 질문이야. 우리나라에는 미국과 같은 배심원 재판 제도가 없단다. 그렇다고 해서 너무 실망하지는 마. 우리나라에는 형사사건에서 국민참여재판이 있거든.

배심원은 판사와 함께 앉아 원고나 피고의 승패를 결정하기도 하고, 피고인에게 죄가 있나 없나를 판단하거나 형벌의 정도를 판단하는 사람이야. 미국에서는 판사의 판단보다 배심원의 판단과 평가에 따라 승패 또는 유무죄가 결정된단다. 검사와 변호사가 배심원들을 어떻게 설득하느냐에 따라 소송의 결과가 결정되는 것이지. 따라서 검사와 변호사는 배심원들에게 유리한 평결을 받기 위해 아주 치열한 다툼을 벌일 수밖에 없어. 미국 영화나 드라마에서는 재미를 살리기 위해 이런 내용을 극적으로 활용하기도 하지.

　미국의 배심원 제도에 대해 조금 더 알아보자면, 일반적으로 한 재판에 12명의 배심원이 참여해. 배심원이 되려면 일정한 자격을 갖춰야 하는데, 미국 시민으로서 재판이 열리는 법원의 관할 구역 내에 살아야 해. 영어로 읽고 쓰고 이야기할 능력이 있어야 하고 중죄를 지어 유죄 판결을 받지 않은 사람이어야 하지.

　형사사건의 경우, 배심원들이 모두 동의해야만 유죄로 결정할 수 있어. 이때 한 명이라도 반대하면 배심원 의견 불일치(Hung jury)로 처리되어 결국 무죄와 같은 효력을 지니게 되지.

　이렇게 미국과 우리나라의 재판 제도가 다른 것은 그 기원이 다르기 때문이야. 우리나라는 세세한 것까지 법률로 정해 놓은 프랑스와 독일의 제도를 모델로 삼고 있기 때문에 재판에서 판사의 역할이 매우 중요해. 그만큼 다른 사람들이 재판에 영향을 미칠 가능성이 적지.

　반면에 미국은 법률보다는 지역과 계층의 관습을 중요하게 생각하는 영국에서 제도를 들여왔어. 이 때문에 다양한 사람들의 의견이 재판에 반영되는 배심원 재판을 시행하는 것이지.

심리에 참여 중인 미국의 배심원들

어느 한쪽이 더 나은 방식이라고는 할 수 없어. 다만 판사 중심의 재판은 전문적이지만 일반인들에게는 낯설 수 있어. 반대로 배심원 재판은 쉽고 친근하지만 법 이외의 다른 의견들이 재판에 끼어들어 때로는 불합리한 판결이 날 수도 있지. 배심원들은 법에 관한 전문가가 아니기 때문에 잘못된 판단을 내릴 수도 있거든.

실제로 미국에서는 큰 죄를 지은 범죄자임에도 배심원들이 무죄를 선고해 사회적으로 비판을 받은 경우가 종종 있었어. 미국의 미식축구 선수인 O. J. 심슨의 경우도 그래.

심슨은 아내를 살해했다는 죄목으로 재판을 받았지만 배심원으로부터 무죄를 선고받았어. 그런데 훗날 사건의 진실이 폭로되면서 심슨이 살인을 했다고 보는 사람들이 더 많아졌지. 그럼에도 불구하고 배심원 제도가 뿌리내린 미국에서는 아직도 이 제도를 고수하고 있어. 민사재판에서도 배심원 재판을 하고 있을 정도야.

우리나라에는 배심원이 피고인의 유죄나 무죄를 판단하는 제도가 없어. 하지만 2008년 1월에 도입한 '국민참여재판제도'라는 것이 미국의 배심원 재판과 비슷하단다. 국민참여재판은 형사재판에 일반 국민들이 참여해 피고인에게 죄가 있는지를 결정하고, 형벌의 정도를 정하는 데 의견을 낼 수 있는 재판이야. 국민참여재판의 배심원단은 무작위로 뽑기 때문에 범죄를 저질렀거나 특별한 공무의 종사자가 아니라면 우리 주변의 어느 누구나 배심원이 될 수 있어. 아직까지는 우리나라에서 흔한 재판 형태는 아니지만 국민들이 재판에 참여한다는 데 큰 의미가 있단다.

그러나 우리나라에서는 여전히 대부분의 형사재판이 판사 중심으로 진행되고 있어. 또 국민 참여재판을 한다 해도 국민들이 낸 의견을 판사가 받아들이지 않으면 그만이야. 배심원 재판을 통해 판사가 배심원의 의견을 무조건 따르는 미국과는 큰 차이가 있지? 앞으로 우리나라의 재판 제도가 어떻게 성장할지 함께 지켜보자꾸나.

증인석에서 거짓말을 하면 어떻게 되나요?

범죄를 의심받는 피고인이 재판을 받을 때 거짓말하는 것은 죄일까? 대부분의 사람들은 피고인 역시 법정에서 거짓말을 해서는 안 된다고 생각해. 그런데 과연 그것이 맞을까?

우리나라에는 재판을 할 때 피고인이 질문에 답을 하지 않을 수 있는 '진술거부권'이라는 권리가 있어. 이 권리는 헌법과 법률로 보장되지. 게다가 질문에 거짓말로 답해도 죄가 되지는 않아. 좀 뜻밖이지?

범죄를 수사하고 범인에게 적절한 형벌을 부과하는 것은 엄연히 검사와 판사의 몫이야. 그렇기 때문에 범인이 형벌을 피하기 위해 사실과 다른 이야기를 한다 해도 거기에 대해서는 죄를 묻지 않아. 대신 검사와 판사가 이를 잘 가려 진실을 판명해 내야 하지. 솔로몬 왕이 지혜를 발휘해 누가 가짜 엄마인지 가려낸 것처럼 말이야.

실제로 법정에 가 보면 물건을 훔치고도 훔치지 않았다고 주장하는 사람들을 드물지 않게 볼 수 있어. 훔치는 걸 본 증인이 있는데도 피고인은 끝까지 발뺌을 하지. 죄를 인정하고 잘못을 구하기는커녕 발뺌이라니, 당황스럽지 않니? 그러다가도 검사가 CCTV에 찍힌 동영상을 보여 주면 그들은 그제야 순순히 인정을 해. 하지만 판사는 왜 거짓말을 하느냐고 혼내지 않아. 자신의 범행을 인정하지 않는 거짓말은 그 자체로 죄가 되지 않거든. 단지 무거운 형량을 받게 될 수는 있지.

그럼 피고인이 아닌 증인이 거짓말을 하는 경우는 어떨까?

양심에 따라 숨김과 보탬이 없이 사실 그대로 말하고, 만일 거짓말이 있으면 위증의 벌을 받기로 맹세합니다.

증인은 자신이 경험한 사실을 법정에서 말하는 사람이야. 그리고 증인이 말하는 것을 증언이라고 하지. 재판에서 증인은 매우 중요한 존재야. 증언은 그 자체로 중요한 증거가 되기 때문이야. 증인은 자신이 보고 듣고 경험한 사실을 누구에게도 치우치지 않게 말해야 해. 법률상 사실을 사실대로 말할 의무가 있지. 사실을 사실대로 말하는 것이 뭐가 어렵겠냐고 할지 모르지만, 막상 증인의 입장에 서 보면 그렇지 않다고 해. 사건에 대해 잘 기억나지 않는 경우도 있고, 범인에게 앙갚음을 당할까 봐 두려워 말하기 어려운 경우도 있기 때문이야. 또 피고인에 대해 불쌍한 마음이 생길 수도 있고 말이야. 이런 경우, 증인의 거짓되거나 모호한 말에 따라 재판이 어려움에 빠질 수도 있단다.

증인이 법정에서 사실을 사실대로 말하지 않을 경우 '위증죄'에 걸리게 돼. 거짓말을 하면 법에 따라 처벌을 받게 되는 거야. 증인은 법정에서 증언을 하기 전에 "나는 양심에 따라 사실대로 진술할 것을 선서합니다."라고 맹세해. 이렇게 선서까지 하고 나서 거짓말을 한다면 그에 따른 책임을 져야겠지?

누구나 자신의 죄를 숨기기 위해 거짓말을 할 수 있어. 여러분도 잘못을 저질렀을 때 부모님이나 선생님께 조금 다르게 이야기하는 경우가 있잖아? 그래서 법에서도 범인이 발뺌하는 것은 이해해. 하지만 증인은 달라. 증인은 반드시 사실대로 말해야 하는 의무가 있어. 증인의 말은 재판의 결과에 결정적인 영향을 미치기 때문이야.

　증인이 범인의 앙갚음이 무서워 제대로 증언하지 못하고 거짓 증언하는 것을 막기 위해 나라에서는 중대한 범죄에 대한 증언을 하는 증인의 경우, '증인 보호 프로그램'을 만들어 신변을 보호해 주고 공개되지 않는 곳에서 증언할 수 있도록 하고 있어. 이렇게 하면 범죄자가 증인에 대해 알 수 없으므로 증인은 범인의 앙갚음에서 안전할 수 있겠지?

재판을 할 때는 반드시 변호사가 필요한가요?

민사재판을 하려면 판사와 원고, 피고가 필요해. 또 형사재판의 경우에는 판사와 검사 그리고 피고인이 필요하지. 이처럼 변호사는 민사사건이나 형사사건에서 반드시 필요하지는 않아. 하지만 재판에서 무척 중요한 역할을 한단다.

우리나라에서는 재판을 건 사람이나 피고인이 원하지 않으면 변호사 없이 재판을 진행할 수 있어. 그런데 외국의 어느 나라에서는 변호사가 없으면 재판을 하지 못하는 수도 있어. 법률을 전혀 모르는 사람들을 대신해 법적인 주장을 하고 증거를 내밀 전문가가 반드시 있어야 한다고 생각하기 때문이야.

변호사 없이 재판을 진행할 수 있다고 해서 재판에서 변호사가 필요하지 않다는 말은 아니야. 넘어져서 무릎이 조금 까졌다면 집에서 치료할 수 있지만 교통사고가 나서 크게 다치면 의사에게 전문적인 치료를 받아야 하는 것처럼 변호사의 도움을 받아야만 해결할 수 있는 사건도 많거든. 혼자서 해결하는 것보다 법률 전문가인 변호사의 도움을 받으면 재판의 결과가 더 좋게 나올 수도 있고 말이야. 그래서 재판이 벌어지면 먼저 변호사를 구하는 사람들이 많은 것이란다.

특히 법률 등이 「헌법」에 어긋나는지 심판하는 헌법재판에서는 변호사가 꼭 필요해.

하지만 변호사의 도움을 받고 싶어도 비용이 부담돼 망설이는 사람이 많아. 변호사를 구하는 비용은 수백만 원에서 수천만 원까지 다양하거든. 그 비용은 물건의 가격처럼 정확히 정해서 매기기 어려워. 따라서 여러 변호사를 만나 보고, 가장 합리적인 비용을 제안하는 변호사를 선택하면 되는 거야.

형사재판의 경우에는 '국선변호제도'가 있어 무료로 변호사의 도움을 받을 수 있어. 또한 민사재판의 경우에는 '소송구조제도'를 통해 무료로 변호사의 도움을 받을 수 있지. 요즘에는 대한법률구조공단과 대한변호사협회의 법률구조재단에서도 무료로 변호사를 선정해 주기도 해. 법률구조제도나 변호사의 공익 활동이라고 부르는 이러한 제도들을 통해 우리나라 변호사들

김천에 위치한 대한법률구조공단 본부

도 선진국만큼 나라와 국민을 위해 봉사하고 있단다.

돈 때문에 변호사 없이 소송을 하는 경우는 없어야 할 거야. 나를 돕는 법률 전문가가 있다면 어떠한 재판이든 억울한 일을 겪는 경우가 덜 생기지 않을까?

변호사는 나쁜 사람을 변호하기도 하나요?

변호사는 형사사건에서는 피의자나 피고인의 이익을 보호하는 변호인의 역할을 담당하게 돼. 따라서 죄인으로 의심받는 사람을 위해서도 최종 판결이 나기 전까지는 최선을 다해 변론해야 하지.

피고인이 되어 재판을 받더라도 유죄 판결이 내려지기 전까지는 무죄로 보아야 해. 그렇기 때문에 변호사의 역할이 아주 중요해. 변호사에 의해 유죄와 무죄가 밝혀지는 사건도 꽤 많거든.

그렇다 보니 피고인과 변호사의 관계는 매우 가까울 수밖에 없어. 피고인은 변호사를 신뢰하고, 변호사는 법을 잘 모르는 피고인에게 든든한 방패막이가 되어 주어야 하니까. 그럼 변호사와 죄인이 같은 편이냐고? 재판을 받는다고 해서 모두가 죄인은 아니야. '열 명의 죄인을 놓치더라도 한 명의 억울한 사람을 만들어서는 안 된다.'라는 말이 있어. 지금은 피고인의 신분으로 재판을 받고 있더라도 나중에는 무죄로 판결이 날 수도 있어. 그렇기 때문에 변호사는 피고인을 위해 끝까지 애쓸 의무가 있어. 설사 피고인이 죄를 지었다고 하더라도 뉘우치고 반성한다면 형벌을 적게 받을 수 있도록 노력해야 하지. 비록 죄를 지었지만 사람으로서 최소한의 권리를 지킬 수 있도록 도와주는 거야.

그래서 법원에서는 변호인을 구할 수 없는 피고인에게 국선변호인을 지정해 도와주기도 해. 국선변호는 법원에서 변호사에게 나라의 이름으로 명령하는 거야. 변호사로서는 뚜렷한 이유 없이 이를 거절할 수 없지. 이런 점에서 변호사는 공적인 일을 하는 사람이라고 할 수 있어. 자기 마음대로 자신의 업무를 선택하는 것에 한계가 있다는 뜻이야.

형벌을 가볍게 주면 죄인은 우리 사회를 우습게 생각할 수 있어. 반면에 죄보다 형벌을 무겁게 주면 죄인은 사회에 분노를 품을 수 있지. 그러니 죄를 명백히 밝히고 제대로 된 판결이 날 수 있도록 변호사가 도와주어야 해.

변호사의 역할에 대해 다시금 생각하게 만든 영화가 있어 잠시 소개해 볼까 해. 〈데블스 애드버킷 : 악마의 변호사〉라는 영화로, 작은 도시의 변호사였던 주인공이 큰 로펌으로 옮겨 가며 벌이지는 내용을 다뤘지.

로펌으로 옮긴 주인공은 승승장구하며 최고의 지위와 부를 누려. 그런데 이상하게도 열심히 일할수록 주인공에 대한 사회의 비난은 거세져. 그것은 주인공이 돈 있고 힘 있는 사람들을 유리하게 하는 일을 해 왔기 때문이야. 결국 진정한 변호사는 돈이나 지위에 연연하지 않는다는 것을 깨달은 주인공은 변호사로서의 명예를 지키며 떳떳하게 살아가려고 결심해.

변호사가 나쁜 사람들을 위해서도 일한다는 점에서 시작한 이 영화는 다행히 변호사가 자신의 본모습으로 돌아오며 결론을 맺어.

이제 변호사는 나쁜 사람을 변호하느냐는 질문에 대한 답을 찾았니? 변호사는 진실과 정의를 따르며 억울한 사람이 생기지 않도록 애쓰고 있어. 단지 범죄에 연루된 피고인을 돕는다는 측면만 보고 변호사가 나쁜 사람들 편에 선다고 생각하지 않을 거지?

재판은 한 번에 끝나나요?

영국의 유명한 판사이자 철학자인 베이컨은 '사법은 신선할수록 향기가 높다.'라고 말했어. 이를 보면 옛날에도 지금처럼 재판이 끝나기까지 오랜 시간이 걸린 모양이야.

우리나라는 3심제를 따르고 있어. 앞에서도 말했지만 재판에 불복을 하면 두 번까지 항소 또는 상고를 할 수 있지. 이로 인해 재판이 무척 오래 걸린다고 불만을 가지고 있는 사람들도 있어. 1심에 적어도 1년 정도 걸린다고 치면, 총 3년이나 걸리잖아? 복잡하고 어려운 사건의 경우에는 더 오래 걸릴 수도 있고 말이야. 3심제는 재판을 더욱 신중하게 하고, 그 재판의 결과에 납득할 수 있게 하는 좋은 제도지만 재판이 길어지면서 재판에 참여하는 많은 사람들을 힘겹게 할 수도 있어.

〈이태원 살인사건〉이라는 영화를 알고 있니? 이 영화는 2007년에 우리나라에서 실제로 일어난 살인사건을 바탕으로 한 영화야. 당시 두 명의 용의자가 잡혔는데, 잘못된 용의자를 상대로 수사와 재판을 하느라 수년을 허비하고 말았어. 결국 3심인 대법원까지 가서 엉뚱한 용의자는 무죄로 확정되었지만 그 사이 진범으로 의심되는 용의자는 미국으로 도피해 버렸지. 그 후 범죄인 인도 협정에 따라 용의자를 다시 우리나라로 끌고 왔는데, 그때부터 다시 사건을 1심에서 2심, 3심까지 진행하면서 상당한 시일이 흐르고 있어. 사건은 이미 수십 년 전에 일어났는데 응당 형사처분이 내려져야 할 재판이 쉽게 끝나지 않으니, 피해자의 유족들은 얼마나 슬픔이 크겠니. 그렇다고 해도 우리나라가 3심제를 따르기 때문에 어쩔 수가 없어.

이렇게 오랜 기간 재판을 하는 경우도 종종 일어나. 오히려 한 번에 결론이 나는 재판이 드물지. 물론 규모가 작은 사건들은 금방 끝나기도 해. 하지만 대부분은 두 번 정도 재판을 받아. 1심과 2심은 '사실심'이라고 해서 사건의 맨 처음부터 철저히 검토해 달라고 법원에 요청할 수 있어. 하지만 대법원에서 하는 3심은 법률적인 부분만 심사해. 그러므로 재판을 받을 때는

주의해야 할 것이 몇 가지 있어. 그중 하나가 1심에서 내려진 판결이 2심과 3심에서 뒤집히는 경우는 적으므로 1심인 지방법원에서 잘해야 최종까지 이길 수 있다는 점이야. 나중에 대법원에 가서 이야기하면 되겠지 하고 마음 놓고 있다가는 재판에서 아예 질 수도 있어.

민사사건은 보통 3개월에서 1년의 시간이 걸려. 형사사건은 보통 1개월에서 6개월의 시간이 걸리지. 만약 민사사건의 1심에서 1년이 걸리면 대법원까지는 3년이 걸려. 결코 짧은 시간이라 할 수 없어. 따라서 재판은 꼭 필요한 경우에만 신중하게 하는 것이 바람직할 거야.

생생 법이야기

유명한 재판이 알고 싶어요!

역사적으로 이슈가 되었던 유명한 재판에는 어떤 것들이 있을까? 제2차 세계 대전 이후에 전쟁 범죄자 수천 명을 상대로 벌였던 뉘른베르크 전범 재판이나 도쿄 전범 재판을 꼽을 수 있어. 뉘른베르크 전범 재판은 독일의 나치 정권이 벌였던 전쟁 범죄와 인종 학살 범죄를, 도쿄 전범 재판은 일본의 전쟁 범죄를 단죄하는 보기 드문 재판이었어. 악질적인 전범들에게 사형 판결이 내려진 역사상 전무후무한 이들 초대형 형사재판을 지켜보면서 법조인들을 포함한 많은 사람들이 극악한 전쟁 범죄의 참상에 놀라기도 했단다.

뉘른베르크 전범 재판 장면

도쿄 전범 재판 장면

이러한 국제형사재판은 최근에도 있었어. 이라크를 통치하면서 이란, 쿠웨이트 등의 이웃나라와 전쟁을 벌이고 국제 사회에 문제를 일으킨 후세인에 대한 국제형사재판이었지. 이외에 '발칸의 도살자'라고 불리며 다른 민족을 학살한 밀로셰비치에 대한 국제형사재판도 유명해.

혹시 아미스타드 호 재판에 대해 들어 본 적 있어? 우연히 미국에서 난파된 노예 상선인 아미스타드 호에 대한 재판으로, 배에 타고 있던 흑인 노예들이 '물건'으로서 에스파냐로 다시 돌아가야 하는가에 관한 논쟁이 벌어져 유명해진 재판이야. 이 재판에서 흑인 노예를 위해 변론을 맡았던 사람은 미국의 대통령을 지낸 존 퀸시 애덤스(John Quincy Adams, 1767~1848) 변호사로, 당시 나이가 74세였다고 해. 지리한 공방 끝에 1841년 미연방대법원은, 흑인들은 에스파냐 소유의 물건으로 볼 수 없으며 자유인으로서 본국으로 돌아갈 수 있다고 판결을 내렸지. 오늘날에는 사람을 납치해 노예로 쓰는 것

아미스타드 호

은 큰 범죄로 형사처벌감이야. 하지만 당시에는 노예 제도가 남아 있어서인지 이 사건을 형사처벌하는 재판은 열리지 않았지. 다른 사람의 신체적 자유를 빼앗고 인생을 참혹하게 짓밟는 행동은 인간의 존엄성을 훼손하는 일로써 용서받을 수 없다는 것을 알게 해 준 사건이었어.

혹시 '미란다 원칙'을 알고 있니? 수사 기관이 범죄자로 의심받는 용의자를 체포할 때 체포 이유와 변호인의 조력을 받을 수 있다는 점, 용의자의 진술이 불리한 증거로 사용될 수 있다는 점 그리고 자기에게 불리한 진술을 거부할 수 있다는 점 등을 고지해야 하는 의무지. 이것은 1966년에 있었던 미국의 한 재판을 통해 나온 원칙으로, 미란다라는 사람이 납치 혐의를 받아 체포될 당시에 형사 절차에 관한 적절한 안내를 받지 못했다는 이유로 미연방

대법원이 무죄를 선고한 사건이었어. 아무리 범죄자로 추궁을 받고 경찰에 끌려가더라도 적법한 절차에 따라 피의자로서의 권리를 존중해야 해. 이 재판이 유명세를 타면서 전 세계에 미란다 원칙이 널리 알려지는 긍정적인 결과를 낳았단다.

우리나라에서는 전직 대통령 두 명이 1980년을 전후해 저지른 군사 쿠데타(반란)와 민간인 살상, 부정부패로 인해 형사재판을 받은 일이 유명해. 재판을 통해 전두환, 노태우 두 전직 대통령들은 모두 중한 형을 받았고, 나중에야 사면이 되었단다.

근래에는 새만금방조제 재판이나 담배 소송이 우리나라에서 크게 주목받았어. 국책 사업인 방조제 건설과 간척 사업에 환경 단체와 지역민들이 문제를 제기하면서 벌어진 새만금방조제 재판은 오랜 시간 동안 재판을 통해 수많은 논쟁이 오갔지만 결국 사업이 적법하다는 결론이 내려졌어. 담배 소송은 흡연으로 인해 질병에 걸린 피해자들이 담배 회사와 국가를 상대로 소송을 벌인 사건으로, 인과 관계를 적절하게 증명하지 못했기 때문에 패소하고 말았지. 최근에는 가습기 살균제를 사용했던 피해자들이 죽거나 병을 얻어 외국계 제조사와 국내 유통회사를 상대로 재판을 진행하고 있는데, 국민들의 이목이 상당히 집중되고 있단다.

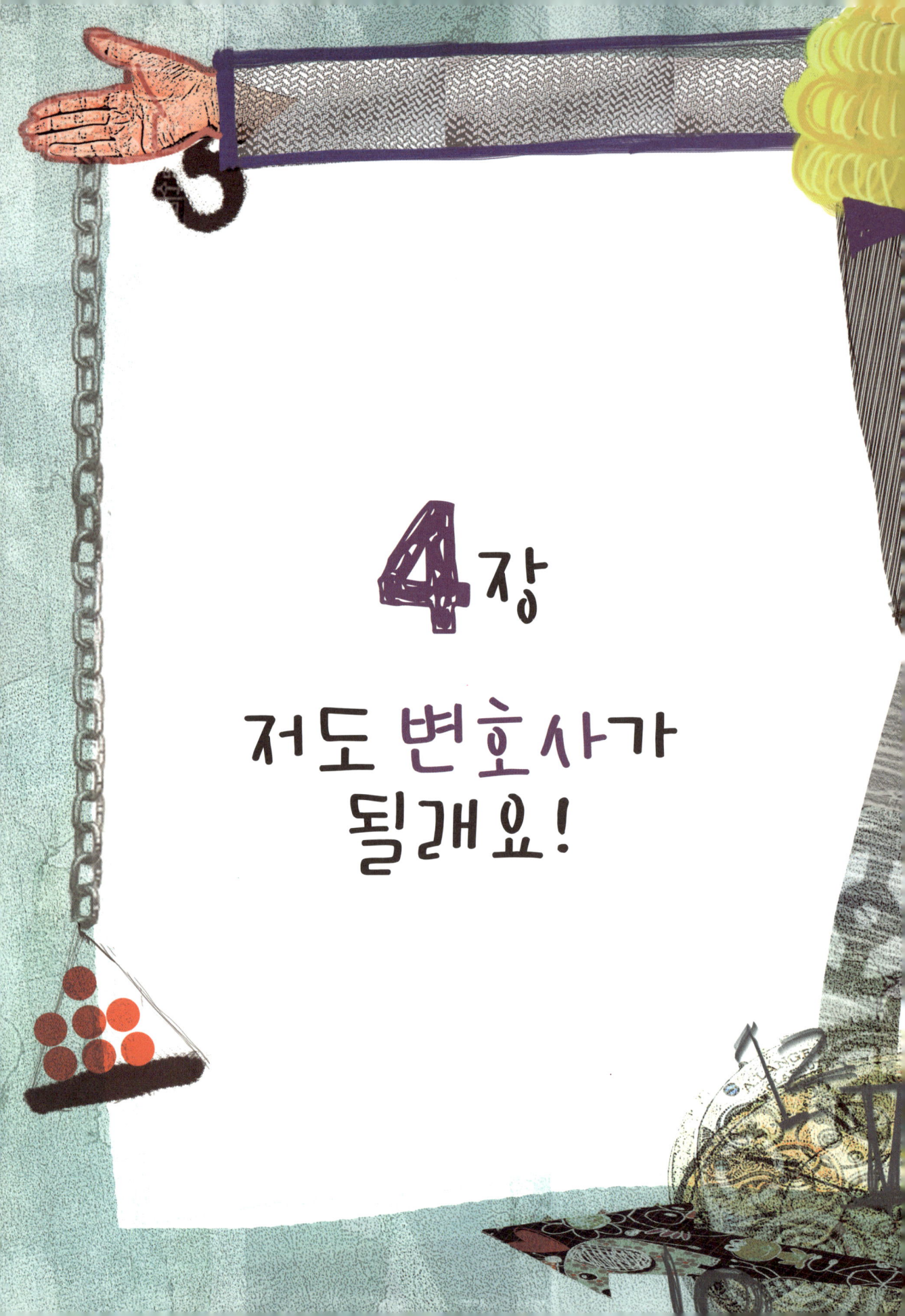

4장
저도 변호사가 될래요!

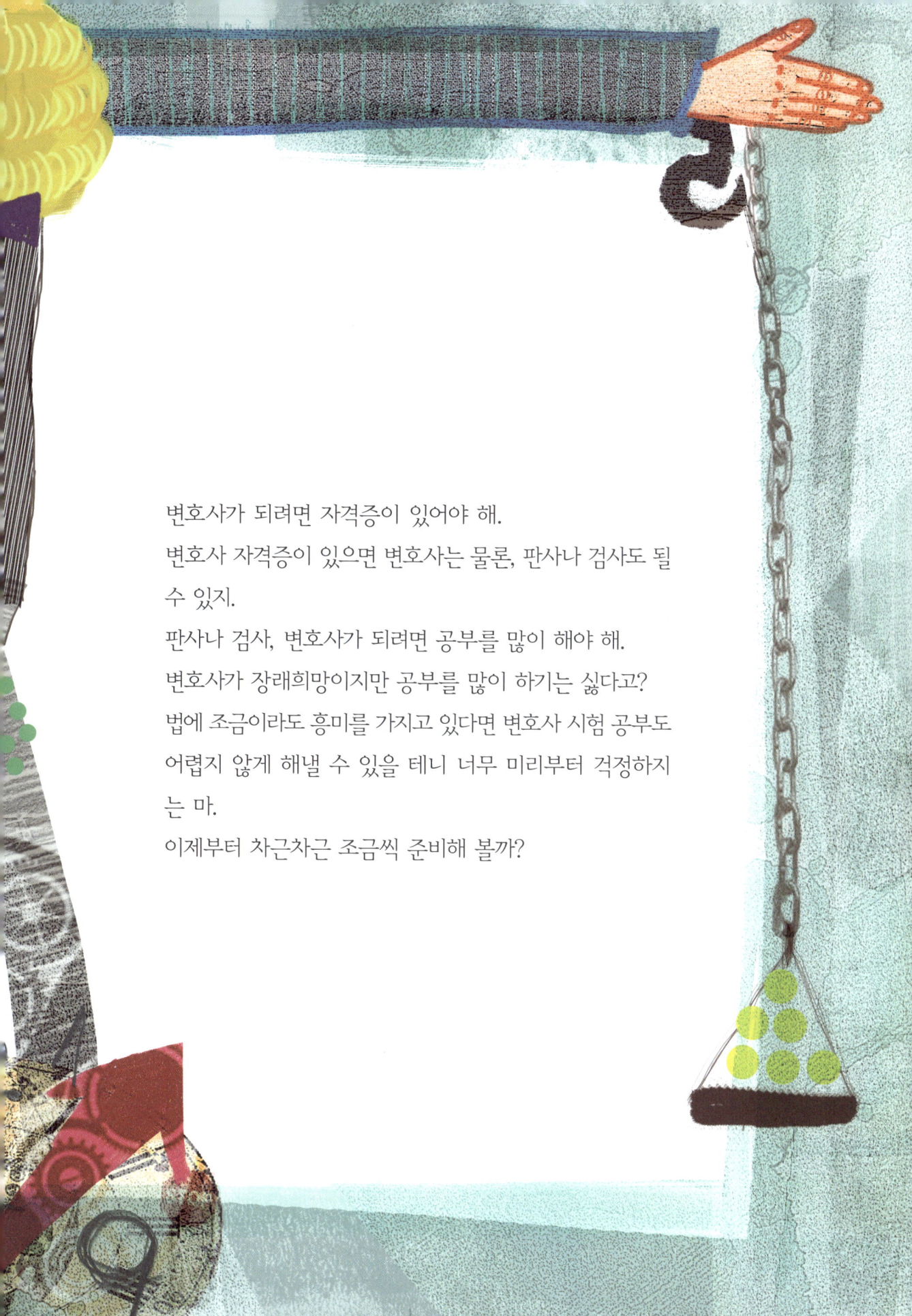

변호사가 되려면 자격증이 있어야 해.
변호사 자격증이 있으면 변호사는 물론, 판사나 검사도 될 수 있지.
판사나 검사, 변호사가 되려면 공부를 많이 해야 해.
변호사가 장래희망이지만 공부를 많이 하기는 싫다고?
법에 조금이라도 흥미를 가지고 있다면 변호사 시험 공부도 어렵지 않게 해낼 수 있을 테니 너무 미리부터 걱정하지는 마.
이제부터 차근차근 조금씩 준비해 볼까?

변호사는 하루를 어떻게 보내나요?

모든 직업이 다 그렇겠지만 변호사도 참 바쁜 하루를 보내는 직업이란다. 변호사치고 한가하게 일하는 사람은 드물 거야. 그만큼 해야 할 일도 많고, 만나야 할 사람도 많지.

사람들이 싫어하는 직업을 가리켜 보통 3D 업종이라고 말하곤 해. 어렵고(Difficult), 지저분하고(Dirty), 위험한(Dangerous) 일을 뜻하는 영어 단어의 앞 글자만 따서 일컫는 말이지.

그런데 변호사는 흔히 3W 직종이라고들 해. 늘 사건과 재판 때문에 많이 걷고(Walking), 재판을 준비하기 위해 많은 서류를 써야 하고(Writing), 재판에 가서는 판사와 사건 관계자들을 기다려야(Waiting) 하거든. 그래서 변호사들은 늘 바쁘고 고단해.

변호사가 되려면 법대에 가야 하나요?

변호사가 되려면 좁은 문을 통과해야 해. 변호사의 자격이 있는지 없는지 확인하는 시험에 합격해야 하는데 합격자들을 보면 지금까지는 법대를 졸업한 사람이 많았어.

법대는 법과대학을 줄여서 부르는 말이야. 법대에서는 헌법, 행정법, 민법, 상법, 형법, 민사소송법, 형사소송법 등을 배워. 모두 사법시험의 과목이지. 그렇다 보니 사법시험의 합격자 중에는 법대 출신이 많아. 법대에 다니면서 계속 법률에 대해 공부하니까 그렇지 않은 사람에 비해 상대적으로 유리한 것이지. 하지만 반드시 법대를 다녀야만 사법시험을 볼 수 있는 것은 아니야. 법대를 졸업하지 않고도 법률 과목을 이수하고 법을 열심히 공부하면 사법시험을 치를 정도의 수준에 이르게 되거든. 실제로 노무현 전 대통령은 고등학교만 졸업하고도 사법시험에 합격했단다.

사법시험은 이처럼 학력을 묻지 않기 때문에 남녀노소를 가리지 않고 도전하는 사람이 많았어. 하지만 합격하기까지 최소

3년에서 길게는 10년 이상씩 걸리곤 했지. 안타깝게도 영영 합격하지 못하는 사람도 있었어. 그래서 곧 폐지 예정인 사법시험 제도를 비판적인 시선으로 바라보는 사람이 많아. 젊은 사람들이 시험 공부하는 데 청춘을 모두 바치고 나중에는 취직도 제대로 하지 못한다고 말이야.

그래서 새롭게 등장한 것이 바로 '로스쿨'이라는 제도야. 로스쿨은 법학 전문 대학원으로, 대학을 졸업해야만 들어갈 수 있어. 그리고 졸업 후 변호사 시험에 합격하면 바로 변호사가 될 수 있지.

2009년에 전국 25개의 로스쿨이 문을 연 이후 로스쿨 제도는 점차 자리를 잡아 가고 있어. 더불어 로스쿨 출신 판사, 검사, 변호사들도 계속 늘어나겠지? 로스쿨 제도에 대해서는 뒤에서 좀 더 상세하게 설명해 줄게.

로스쿨이 뭐예요?

로스쿨은 영어로 'Law school'이야. 법 학교라는 뜻이지. 다양한 경험을 가진 사람들에게 변호사가 될 수 있는 기회를 주자는 취지에서 만들어진 학교야.

대학에서 화학을 전공한 최원소는 평소 대기 중의 오염 물질에 관한 화학 원소에 많은 관심을 가지고 있었어. 그러다가 대기 오염과 관련된 일을 하는 전문 변호사가 되고 싶어 로스쿨에 진학했지. 혼자 사법시험을 준비하는 것보다 체계적으로 법을 공부하면서 실무적인 경험을 쌓기 위해서였어.

로스쿨에 입학해서 보니 그곳에 온 친구들은 저마다 다양한 전공을 가지고 있었어. 의학, 건축학, 음악, 독일문학 등 분야도 참으로 다양했지. 모두 자신의 경험을 살려 변호사로서 성공하겠다는 당찬 포부를 지니고 있었어.

로스쿨의 일정은 무척 빠듯하고 공부의 내용도 어려웠어. 그래서 서로 친하게 어울릴 시간은 부족했지만 사람들은 서로가 가진 폭넓은 경험을 바탕으로 어려운 법률 문제를 해결해 냈어.

로스쿨에 다니는 3년간 대기 오염에 대한 법률 문제를 고민하며 법적 사고(Legal mind)로 문제를 해결하는 능력을 키운 최원소는 변호사 시험을 치러 당당히 합격했어. 그리고 환경 전문 변호사로 활동하다가 나중에는 판사가 되어 환경 문제에 정통한 법관이 되리라고 마음먹었지.

어때? 로스쿨이 어떤 곳인지 알겠니? 100년 넘게 이어져 오며 100만 명 이상의 변호사를 배출한 미국의 로스쿨 제도에 비하면 우리나라의 로스쿨 제도는 도입된 지 그리 오래되지 않았어. 하지만 우리나라 변호사의 미래가 이 제도에 달려 있다고 해도 지나치지 않을 만큼 로스쿨 제도는 큰 의미를 가지고 있어. 로스쿨에서 공부한 사람들이 자신의 전공을 활용해 전문 변호사로 거듭난다면 변호사 세계도 더욱 넓어질 테니 말이야. 그것은 사법시험 제도 대신 로스쿨 제도를 채택한 결정적인 이유이기도 하지.

　변호사라고 해서 법만 알아야 하는 것은 아니야. 인문학, 경제학, 경영학부터 미술, 음악, 컴퓨터 공학도 알아 두면 다양한 분야의 일을 하는 데 아주 유용하단다. 너희들도 원하는 분야가 있다면 얼마든 공부하렴! 다양한 공부를 마친 뒤에 변호사라는 직업을 택해도 늦지 않으니까.

　현재 우리나라에 있는 25개의 로스쿨에서는 법조인을 꿈꾸는 젊은이들이 구슬땀을 흘려 가며 공부하고 있어. 3년간의 교육 과정을 마치고 변호사 시험에 합격하면 변호사로서 활동하게 되겠지.

　변호사 시험은 1년에 1번씩 치러지고 있어. 로스쿨 졸업생은 5년간 5번까지만 시험에 응시할 수 있기 때문에 주어진 시간 내에 시험에 합격하도록 최선을 다해야 할 거야.

　앞으로 로스쿨에서 공정한 판사, 정의로운 검사, 뛰어난 변호사들이 많이 배출되기를 기대해 보자!

변호사는 법을 다 외우나요?

아마 법을 다 외우는 변호사는 없을 거야. 변호사들이 많이 보는 대법전은 두께만 해도 30센티미터 정도이고 6,500쪽이 넘거든. 그런데도 거기에는 우리나라 법의 반도 담겨 있지 않아. 따라서 변호사는 법전을 외우기보다 거기에 담긴 법을 활용하는 능력을 가지고 있어야 해.

변호사가 되려면 공부를 많이 해야 한다는 것은 누구나 다 아는 사실이야. 사법시험을 보려면 중요한 7개의 법 과목 외에도 노동법, 경제법, 국제법, 조세법 등 법과 관련된 학문을 공부해야 해. 또 로스쿨에 가더라도 3년간 교육 과정을 이수하면서 변호사 시험에 대비해 공부를 해야 하지. 물론 글로벌 시대에 영어나 외국 법률도 알아야겠지?

법을 계속 공부하다 보면 수천 페이지가 넘는 법전에 점차 익숙해져. 우리나라에 존재하는 수천 개의 법률 가운데 몇 백 개정도는 머릿속에 담고 있어야 하지. 하지만 법전을 무조건 외워야 하는 것은 아니야. 변호사가 컴퓨터는 아니잖아? 변호사는 하나의 도서관과 비슷하다고 보면 돼. 무조건 외우고 머리에 담는 것이 아니라, 해당 사건에 맞는 이론과 법률을 찾아낼 수만 있으면 되거든. 도서관에서 일하는 사서가 어느 분야의 책이 어디에 있는지 훤히 알고 있는 것처럼 말이야. 그런 점에서 변호사는 살아 있는 법률 도서관이라고 할 수 있어.

변호사 시험 역시 마찬가지야. 법전을 무조건 외운다고 해서 붙을 수 있는 시험이 아니거든. 여러 가지 문제를 어떻게 법적으로 해결할지 방법을 알아내는 것이 중요해.

흔히들 법전을 달달 외워야 변호사 시험에 붙을 수 있다고 해. 그러나 이 말은 실제로 법전을 외우라는 말이 아니라 변호사가 되려면 게으름 피우지 말고 공부를 많이 해야 한다는 뜻이란다.

국제 변호사라는 직업도 있나요?

우리나라에서 변호사로 활동하려면 대한변호사협회에 등록을 마쳐야 해. 사법시험에 합격해 사법연수원에서 2년의 과정을 마치거나 로스쿨을 졸업하고 변호사 시험에 합격해야 대한민국의 변호사가 될 수 있지. 그럼 국제 변호사가 되려면 어떻게 해야 할까?

가끔 국제 변호사(International Lawyer)라는 직업을 가진 사람들이 텔레비전 방송에 나올 때가 있어. 국제 변호사는 무슨 일을 하는 사람들일까?

미국의 변호사 자격이 있거나 독일, 영국, 프랑스, 호주, 캐나다 등에서 변호사 자격을 취득한 사람들은 각자 그 나라에서 변호사 자격을 딴 사람들로, 그 나라의 법률에 정통할 거야. 우리나라 사람일지라도 미국에서 변호사 자격을 취득한다면 당연히 미국 법에 대해 잘 알고 있겠지?

하지만 미국 변호사라고 해서 국제 변호사가 되는 것은 아니야. 미국 변호사라도 우리나라를 비롯해 다른 나라에서는 변호사로 일할 수 없거든. 마찬가지로 우리나라에서 변호사 자격을 취득했다고 해서 미국에서 변호사로 일할 수는 없지.

그렇다면 국제 변호사는 어디에서 무슨 일을 하는 사람들일까? 사실 '국제 변호사'는 없어. 외국법을 다루는 전문가가 있었을 뿐이지. 다른 나라에서 변호사 자격을 얻으면 그 나라의 법에 대해서는 잘 알겠지만 우리나라의 법률과 소송에 대해서는 잘 알지 못할 거야. 그래서 우리나라에서는 다른 나라에서 변호사 자격을 얻은 사람 중 검증된 사람을 「외국법자문사법」에 따라 변호사는 아니지만 법률 전문가로 활동하게 하고 있어. 그것이 바로 '외국법자문사' 제도야.

법률 전문 회사인 로펌에서는 이러한 외국법자문사를 여러 명씩 두고 우리나라 기업과 외국 기업 사이에 분쟁이 생기면 우리나라 변호사와 함께 문제를 해결하도록 하고 있어.

요즘에는 이 외국법자문사의 역할이 커지는 추세지만, 이들은 온전히 변호사의 업무를 할 수 없기 때문에 아직은 그 지위가 불안정해. 만약에 외국법자문사들이 우리나라 로스쿨에 입

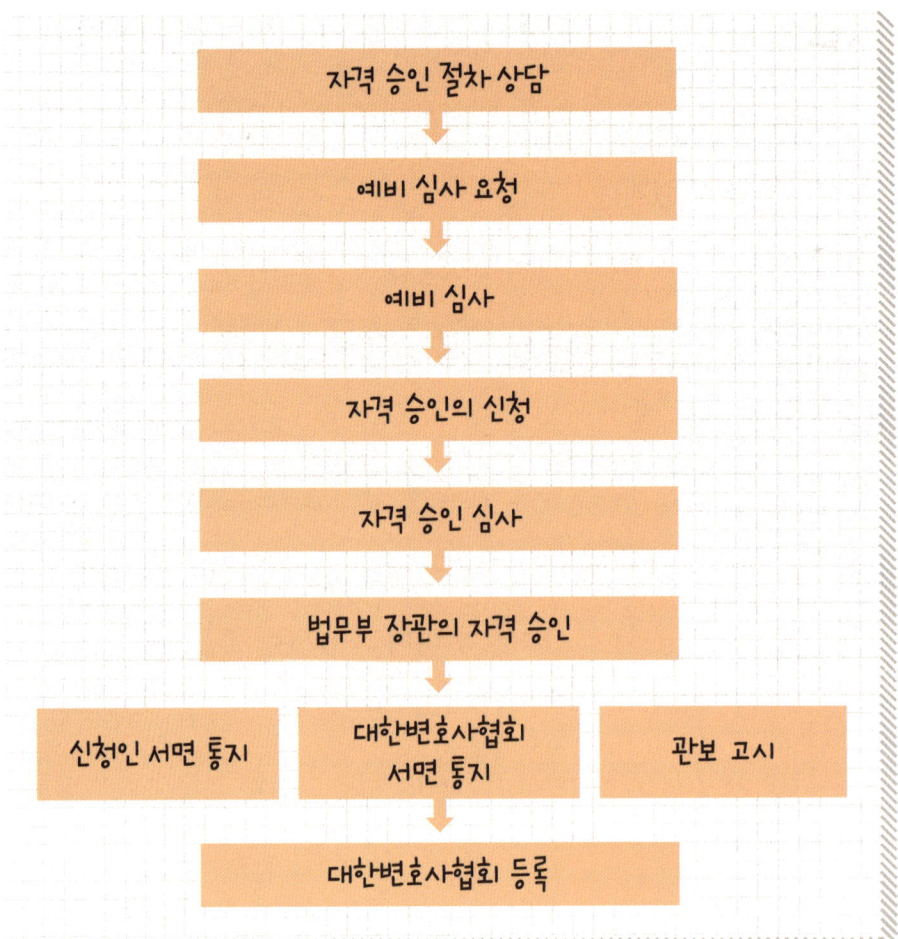

외국법자문사 자격 승인 절차

학해 우리나라의 변호사 자격을 얻는다면 능력을 온전히 발휘할 수도 있을 거야. 다른 나라의 변호사 자격과 우리나라의 변호사 자격을 모두 가지고 있다면 의뢰인들에게 더욱 다양하고 훌륭한 의견을 줄 수 있을 테니까 말이야.

변호사는 어디에서 일하나요?

변호사는 어디에서나 일할 수 있어. 이상한 대답 같지만 사실이야. 변호사는 소송이나 재판 등 문제가 발생했을 때만 필요한 사람이 아니야. 물론 대부분의 사람들이 여전히 '변호사' 하면 소송을 떠올리지만 말이야.

예전에는 변호사가 직원 몇 명만 두고 법률 사무소에서 혼자 일하는 경우가 많았어. 그때만 해도 변호사는 대부분 재판과 관련된 일들을 주로 했거든. 그래서인지 어른들 중에는 아직도 변호사는 소송의 문제를 겪거나 구속당할 위기에 처했을 때 만나는 사람이라고 생각하는 경우가 많아. 우리나라에 변호사가 생긴 지 100년이 넘었는데도 말이야. 이제 변호사는 소송만 하는 사람들이 아니야. 재판에 필요한 일만 하는 사람이 아니라 법률에 관한 많은 문제를 다루는 사람인 것이지.

로펌(Law Firm)은 여러 변호사들이 모여서 만든 법률 회사야. 법무법인 또는 종합 법률 회사라고도 하지. 이러한 로펌은 우리나라에만 300여 개가 넘어. 소송 외에도 법률 자문을 맡고 있지. 몇몇 대형 로펌은 이 시대의 변호사들이 가장 가고 싶어 하는 회사야. 최소 수백 명 이상의 변호사, 변리사, 세무사, 공인회계사, 외국법자문사가 모인 법률 전문가 집단이거든. 이곳에서는 기업, 부동산, 금융, 조세, 지적 재산권 등 다양한 분야의 법률적인 조언을 받을 수 있어. 물론 질 좋은 서비스를 제공하기 때문에 비용이 많이 들기는 하지.

로펌 외에도 국가 기관이나 공공 단체에서 일하는 변호사도 많아. 그들은 행정부처 말고도 감사원, 공정거래위원회, 금융감독원 등에서 전문성을 발휘하고 있지. 국회에서 법률을 만드는 일을 하는 변호사도 있어. 이들은 공적인 신분을 가지고 공익을 위해 일해야 하기 때문에 개인적인 일은 도와줄 수 없지.

최근에는 변호사를 채용하는 기업들도 많아지고 있어. 이제껏 변호사는 외딴 세계에 있는 사람처럼 여겨졌지만 세상이 복잡해지면서 기업에서도 변호사의 법률적인 지식이 필요해졌기 때문이야.

변호사들이 활동하는 다양한 국가 기관

 법률 사무소에서 일하는 변호사나 로펌에서 일하는 변호사, 국가 기관에서 일하는 변호사, 기업에서 일하는 변호사 등 이들은 모두 자신의 자리에서 나름의 역할을 다하고 있어. 법이 필요한 곳이라면 어디든 변호사가 있는 것이지. 한 가지 사례를 살펴볼까?

 이름난 씨는 경영학을 전공하고 대기업에 취직했어. 그러다 회사와 경영에 관련된 법률 문제를 다뤄 보고 싶다는 생각에 변호사 시험에 합격해 변호사 자격을 얻었어. 그 뒤 이 변호사는 자신이 원하던 대로 H자동차 회사의 법무실에 입사했어. 법무실은 기업 안에서 일어나는 법률 문제를 해결하는 부서야.

어느 날, 이 변호사는 근로자들이 하던 일을 멈추고 회사에 요구 사항을 주장하기 위해 자리를 준비하고 있다는 소식을 들었어. 그래서 그 길로 노동조합 대표와 만나기 위해 공장으로 갔지. 그때부터 8시간이 넘는 협상을 한 끝에 이 변호사는 회사와 근로자 모두가 만족할 만한 결과를 이끌어 냈어.

그 뒤로 이 변호사는 회사에서 노동 문제가 생길 때마다 크게 활약했어. 그 공로를 인정받아 H자동차 최초로 '상무'라는 높은 자리에도 올랐지. 이제 기업 경영에 참여하는 변호사가 된 셈이야. 이름난 변호사가 기업으로 진출한 것은 참 잘한 선택이었어.

지금 여러분에게 법 이야기를 들려주고 있는 이 아저씨도 변호사로서 2006년부터 2009년까지는 검찰청과 대한법률구조공단에서 일했단다. 나라의 소송과 국선변호를 3년 동안 맡아 했지. 그 뒤 2009년에는 국방부에서 행정공무원으로 일했고,

2010년부터는 국회에서 입법공무원으로 일하고 있어. 국방과 관련된 법률을 다루다가 지금은 조세법과 노동법 등 전문화된 법률을 만드는 업무에 힘을 쏟고 있지. 아저씨처럼 공무원으로 일하는 변호사도 많아. 이 분야는 앞으로 변호사가 더욱 크게 활약해 전문 분야로 성장해야 할 영역이지. 어때? 변호사는 소송 말고도 할 수 있는 일이 참 많지?

변호사는 돈을 많이 버나요?

변호사라면 당연히 돈을 많이 벌지 않냐고? 아마 그렇게 되기까지 남들보다 더 많이 일하고 자신의 전문성을 높이 평가받기 위해 애썼을 거야. 하지만 돈을 많이 버는 것이 그렇게 중요한 걸까?

변호사가 되면 보통은 다른 직업을 가진 사람보다 조금 더 넉넉하게 살아. 하지만 공무원으로 일하는 국가 기관 변호사나 검사, 판사 그리고 국선변호를 하는 변호사들은 예상과 달리 많은 돈을 벌지는 못해.

로마의 한 시인은 로마 사회를 가리켜 '빵과 서커스'라고 표현했어. 먹는 것과 즐기는 것을 가장 중요하게 생각하는 로마 사회의 세태를 풍자한 것이지. 로마 사람들은 사람의 생활과 무관한 것에는 별로 관심을 두지 않았어. 어쩌면 직업의 목적이

먹고사는 것을 해결하고 즐거운 문화 생활을 누리는 것에 있다고 생각했는지도 모르지. 그래서 그들은 법을 '사회의 질서를 지키고 싸움을 방지하는 수단' 정도로만 이해했어. 하지만 그런 로마에서도 법률가에 대한 기대는 무척 컸단다.

비잔티움 제국의 황제인 유스티니아누스 1세(Justinianus I, 483~565)는 법률에 관한 책인 《학설휘찬》을 펴내면서 공정하고 양심적인 법조인의 자세를 강조했어. 법률이 아무리 수단에 불과해도 그 수단이 아무렇게나 사용되어서는 안 된다고 생각한 것이지.

유스티니아누스 1세

천년이 지난 오늘날에도 세상은 변호사에게 많은 기대를 해. 변호사는 공익을 우선시하고 인권을 지키며 정의를 세워야 한다고 말이야. 조금 이해하기 어려울 수도 있어. 변호사도 하나의 직업인으로서 돈을 많이 벌 수 있는 일을 하는 것이 당연한

데도 변호사이기 때문에 공익의무를 부과하고 도덕적 잣대를 제시하니 말이야.

그렇지만 달리 생각하면, 돈을 버는 것은 사업가가 할 일이지 변호사의 몫은 아닐지도 몰라. 만약 변호사가 자신의 직업을 돈을 벌기 위한 수단으로만 여긴다면 어떻게 될까? 돈을 많이 벌기 위해 진실도 숨기고 나쁜 사람의 편을 드는 일도 마다하지 않겠지. 또 돈이 없는 사람에게는 도움을 주지 않을 거야. 그러면 이 세상은 너무나 무질서해지겠지.

변호사도 열심히 일한 만큼 많은 돈을 벌어 성공할 수 있고, 부유하게 살 수 있어. 하지만 돈을 벌기 위해 아무 일이나 해서는 안 돼. 사회가 변호사에게 거는 기대에 따라 '돈 버는 일'보다 '사회적으로 의미 있는 일'을 해야 하거든. 변호사로 성공해서 부유해지는 것과 부유해지기 위해 변호사가 되는 것은 전혀 다른 거야.

변호사는 사람들의 어려움을 해결해 줄 때 큰 보람을 느껴. 이 아저씨도 법을 개정하는 국가의 일에 참여해 좋은 결과를 거뒀을 때 무척 기뻤지. 이것은 돈과 바꿀 수 없는 가치 있는 것이란다.

저도 변호사가 될 수 있을까요?

변호사에게 가장 중요한 것은 사명감과 책임감이야. 공익적인 역할을 맡고 있는 변호사의 사명을 깨닫고 사회를 위해 노력하려는 자세를 지녀야 하지. 물론 비밀 보장도 준수해야 해. 그리고 가장 기본적으로 법률전문성을 가지고 있어야 하지.

대한변호사협회에는 다음과 같은 문구가 걸려 있어.

정의의 붓으로 인권을 쓴다.

이 말에서도 알 수 있듯 변호사는 의뢰인에게 돈을 받고 사건을 처리하는 사람이긴 하지만, 우리 사회의 정의를 구현하는 데 일조해야 하는 공익적인 특성도 지니고 있어. 다시 말해, 정의로운 일에 앞장서는 한편, 약자를 보호하고 그들의 인권을 보호해야 한다는 말이야. 실제로 우리나라의 인권 변호사들은 지난날 한국 사회를 이끌어 가는 데 큰 기여를 했단다.

   변호사에게 가장 중요한 것은 사명감과 책임감이라고 했지? 자신이 맡은 사건을 책임지고 완수해야 하는 것은 물론이고 의뢰인에게 최대한의 만족감을 주어야 하지.

   변호사에게 요구되는 여러 가지 덕목 중 가장 기본적인 것은 법률전문성이야. 변호사 자격증을 딸 만큼 법률적 소양을 지니는 것은 물론, 소송과 자문에 대한 실력도 가지고 있어야 하지. 그래서인지 요즘에는 금융, 조세, 노동, 환경, 과학기술, 증권, 공정 거래, 교육, 보건 등 여러 분야의 전

문성을 가지고 있는 변호사들도 많단다.

어때? 변호사가 되려면 무엇을 어떻게 해야 하는지 감이 왔니? 지금 당장 공부를 잘하지 못한다고 해서 실망하고 포기할 필요는 없어. 다만 많은 법률 서적과 방대한 법조문을 소화할 만큼 공부에 대한 의욕을 가지고 노력하면 돼. 그리고 앞에서 말한 대로 공익적인 역할에 걸맞는 사명감과 책임감을 지니도록 마음을 다잡아야겠지? 미래는 노력하고 준비하는 사람에게 달콤한 미래를 선물하는 법이야. 꿈을 크게 가지고 어려움을 극복해 달콤한 열매를 맺길 아저씨가 응원할게. 미래의 법조인 여러분,

화이팅!

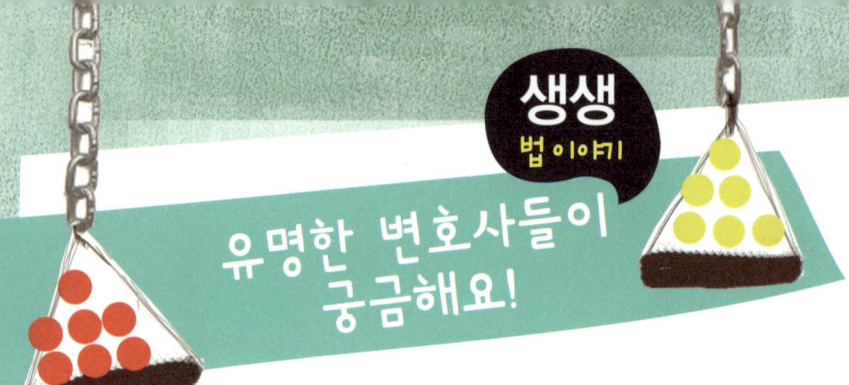

생생 법이야기
유명한 변호사들이 궁금해요!

변호사 중에는 자신의 능력을 키워 판사, 검사, 헌법재판관, 국회의원, 장관, 대통령 등이 되는 경우가 무척 많아. 아마 직업 가운데 이렇게 다양하게 진출한 사례로만 따지면 변호사가 제일 많을 거야.

'국민의, 국민에 의한, 국민을 위한 정치'를 주장한 사람이 누구였더라? 맞아. 미국의 링컨 대통령이야. 남북 전쟁의 희생자를 추모하는 게티즈버그 연설에서 한 말이었지. 링컨 대통령은 남북 전쟁을 민주주의를 위한 전쟁이라고 여기며 전쟁 중에 흑인 노예 400만 명을 해방시켰어. 이러한 사실을 모르는 사람은 아마 드물 거야. 그런데 이 링컨 대통령이 변호사였다는 사실도 알고 있니?

링컨은 가난한 시골 마을에서 태어나 학교도 제대로 다니지 못했어. 하지만 뒤늦게 변호사가 되어 세상의 주목을 받았지. 그 뒤 정치인으로 성장한 링컨은 마침내 미국 대통령의 자리까지 올랐어.

우리나라에도 대통령이 된 변호사가 있어. 바로 노무현 전 대통령이야. 가난한 가정 형편 탓에 대학교를 다니지 못했지만 인권 변호사로 성공한 뒤 결국 대통령이 되었지. 왠지 노무현 대통령과 링컨 대통령의 일생이 닮은 것 같지 않니?

여기, 미국 최초의 흑인 대통령으로서 노벨 평화상까지 수상한 변호사도 있어. 바로 오바마 미국 대통령이야. 이름도 거의 알려져 있지 않던 오바마는 시카고의 빈민 지역을 개선시키기 위해 애썼어. 시카고는 예전부터 범죄로 악명이 높고 빈부 격차가 심했던 곳으로, 오바마는 그런 도시에서 가난한 사람들이 범죄의 유혹에 넘어가는 모습을 본 뒤, 정부에 개선 사업을 요구했어. 미국에서도 변호사는 돈을 많이 버는 직업이기 때문에 오바마도 많은 유혹을 느꼈을 거야. 하지만 그는 좋은 직장을 마다하고 시카고의 흑인 빈민가를 위해 일했지. 오바마가 가난하고 약한 사람들을 돕는다는 소문이 퍼지면서 여러 사람들이 오바마를 정치인으로 키워 주었어. 그리고 지금은 미국 최초의 흑인 대통령이 되었지. 흑인인데다 이민자 출신이었던 오바마야말로 미국

에서는 뭐든 이룰 수 있다는 '아메리칸 드림'의 신화가 아닐까? 미국에서 변호사로서 이렇게 가치 있는 업적을 남긴 사람은 링컨 대통령 이후 오바마가 처음일 거야.

링컨이나 오바마처럼 가난하고 약한 사람들이 사람답게 살 수 있도록 노력하는 변호사를 인권 변호사라고 해. 이들처럼 개인의 이익보다 사회를 위해 애쓰는 변호사가 많아진다면 우리 사회는 더 살기 좋아질 텐데. 그렇지?

우리나라의 인권 변호사 중에도 눈여겨볼 만한 사람이 있어. 바로 조영래 변호사야. 조영래 변호사는 노동 운동이 활발했던 1980년대에 활동했던 인권 변호사로, 근로자들이 힘들게 일하는 것을 세상에 알리고자 힘을 쏟았지만 안타깝게도 일찍 돌아가시고 말았어. 그렇지만 후배 변호사들에게 아직도 큰 존경을 받고 있단다.

이처럼 세상에 이름을 남긴 변호사는 참 많아. 지혜를 가진 사람은 지혜를 나누는 것으로 세상에 아름다운 자취를 남긴단다. 우리 사회의 정의와 후손에게 물려줄 좀 더 나은 환경을 위해 노력했던 변호사들도 그중 하나가 아닐까? 미래의 주역인 우리 모두 꾸준히 봉사하는 마음으로 이 사회를 밝혔던 이분들을 닮고자 노력하자꾸나!